GTB

Gütersloher Taschenbücher

1325

Gloria und Gabriel,
unseren Kindern,
in der Hoffnung,
dass ihnen die Kirche von morgen
ein Zuhause werde.

Andrea Kaiser,

geboren 1965, Gemeindepfarrerin in Kadelburg/Baden. Studium der Ev. Theologie in Heidelberg, Jerusalem und Kapstadt. Veröffentlichungen zu Israel und Südafrika.

Thomas O.H. Kaiser,

geboren 1963, Gemeindepfarrer in Kadelburg/Baden. Studium der Ev. Theologie und Philosophie in Heidelberg, dort Promotion zum Dr. theol. Zahlreiche Veröffentlichungen zu den Themen »Weltweite Ökumene«, »Jüngere Zeitgeschichte« sowie »Kirche« und »Kultur«.

Kirche von morgen denken

Herausgegeben von
Andrea und Thomas O.H. Kaiser

Gütersloher Verlagshaus

Originalausgabe

Die Deutsche Bibliothek – CIP-Einheitsaufnahme

Kirche von morgen denken / hrsg. von Andrea und Thomas O.H. Kaiser. –
Orig.-Ausg. – Gütersloh: Gütersloher Verl.-Haus, 2000
(Gütersloher Taschenbücher; 1325)
ISBN 3-579-01325-4

Dieses Werk folgt der reformierten Rechtschreibung und Zeichensetzung. Ausnahmen bilden Texte, bei denen künstlerische, philologische oder lizenzrechtliche Gründe einer Änderung entgegenstehen.

ISBN 3-579-01325-4

Lektorat: Birgit Schreiber, Recklinghausen
Umschlaggestaltung: INIT, Bielefeld unter Verwendung eines Fotos von epd-bild / Falk Orth, Frankfurt/Main
Satz: Weserdruckerei Rolf Oesselmann GmbH, Stolzenau
Druck und Bindung: Clausen & Bosse, Leck
Gedruckt auf chlorfrei gebleichtem Werkdruckpapier

Printed in Germany

Inhalt

Vorwort

Bei der Suche nach der Kirche von morgen will dieses Buch Wegweisung sein. Bekannte Persönlichkeiten aus Kirche, Theologie und dem öffentlichen Leben erzählen, was ihnen wichtig ist, wenn es darum geht, Visionen zu entwickeln für die Zukunft des Christentums und der Kirche.

Entstanden ist diese Sammlung in ihrer besonderen Dichte in Kadelburg, einer kleinen evangelischen Landgemeinde ganz im Süden Deutschlands, an der Schwelle zum 21. Jahrhundert. Hierher kamen so prominente Theologinnen und Theologen wie Dorothee Sölle und Heinz Zahrnt, die Bischöfe Wolfgang Huber, Jacques Gaillot und Rolf Koppe, Vordenker im christlich-jüdischen Dialog wie Martin Stöhr, berühmte Medienleute wie Jürgen Fliege, Johanna Haberer, Arnd Brummer und Johannes Kuhn, bekannte Kirchenkritiker wie Norbert Greinacher und Gerd Lüdemann und nicht zuletzt die politische und soziale Zukunft Gestaltende wie Bundesjustizministerin Herta Däubler-Gmelin und Diakoniepräsident Jürgen Gohde.

Es zeichnet sie alle aus, dass sie keine Mühe gescheut haben, in ihre vollen Terminkalender einen Abend für das Gespräch mit Menschen im Umkreis einer ganz normalen Gemeinde einzubauen. In der Kadelburger Bergkirche sind die Texte dieses Buches vorgetragen und den Gemeindegliedern zur Diskussion gestellt worden – also jenseits von Akademien, Universitäten, kirchlichen think-tanks und Großprojekten. Das Gespräch mit den Leuten an der Basis war allen so wichtig, dass sie auch die lange Anreise an die Schweizer Grenze auf sich genommen haben.

So ist für dieses Buch konstitutiv, dass man die Gemeinde von heute im Blick hat, wenn man an die Kirche von morgen denkt: suchende und kritische Geister, engagierte und nachdenkliche Menschen, Leute, die ihre Lebenserfahrung mit den christlichen Inhalten zusammenbringen wollen und ihre Ideen von Kirche Schritt für Schritt umzusetzen versuchen. Denn die Kirche von morgen kann nur dort gedacht werden, wo sie entsteht, dort, wo sie wächst – in den Gemeinden, an der Basis, im Volk, jenseits der Grenzen von Konfession, Nationalität oder parochialen Strukturen. Sie lebt dadurch, dass wir uns verständigen über das, was wir glauben, was wir lieben, was wir hoffen, was uns innerlich berührt. Sie lebt aus Erfahrenem, Erlebtem, persönlich wichtig Gewordenem. Sie lebt dort, wo der Glaube gefeiert und aus Liebe zum Nächsten gehandelt wird, mit einem weiten Herzen und offenem Verstand.

Neben der kritischen Beleuchtung der Kirche von heute geht es in diesem Buch darum, zentrale Inhalte des Christentums neu zu erschließen und in unsere Zeit hineinsprechen zu lassen. Es geht um Mystik und Diakonie, um Gott und die Gemeinde, um Spiritualität und Gefühl, um Wüstenerfahrungen und Heilwerden, kurz: um eine kritische Reflexion alter Botschaften für die Gemeinde von morgen.

Damit das Projekt umgesetzt werden konnte, hat es vieler Menschen bedurft, die es getragen haben. Wir danken deshalb ganz besonders Dr. Horst Lickert, Leiter des Bildungswerkes der Erzdiözese Freiburg in Waldshut, der immer risikofreudig mit dabei war und die richtigen ökumenischen Akzente setzte; unserem reformierten Schweizer Kollegen Stephan Matthias aus Zurzach, der die Idee grenzüberschreitend mittrug; der Hochrheinkommission und weiteren Sponsoren, die die Idee finanziell unterstützten; unserer Sekretärin Ilse Müller, die neben dem Pfarrbüroalltag souverän die zusätzliche Arbeit managte; dem Kirchengemeinderat der Kirchengemeinde Kadelburg, der sich dieses Projekt nicht nur für die eigene Kirchengemeinde, sondern weit über deren Grenzen hinaus zutraute, namentlich Hansjürgen Bachmann, Silvia C. Baumgartner, Hans Bernhard, Ursula Boller, Kurt Guhl, Else Haberstock, Gisela Kaminski, Petra Kirchner, Bruno Linsin, Edith Moranz, Maria Wegner und Joachim Weszkalnys; und nicht zuletzt den Kindern und Jugendlichen, den Frauen und Männern, die sich mit uns auf den Weg gemacht haben, Kirche von morgen zu sein.

Kadelburg, Pfingsten 2000 *Andrea und Thomas O. H. Kaiser*

Brummer, Arnd, geb. 1957, Chefredakteur. Nach Volontariat beim *Schwarzwälder Boten* verschiedene journalistische Tätigkeiten, u. a. bei den *Badischen Neuesten Nachrichten* und als als Programmchef des *Seefunk-Radios* in Konstanz sowie als Leiter der Parlamentsredaktion der *Kölnischen Rundschau* in Bonn; seit 1992 Chefredakteur des *Deutschen Allgemeinen Sonntagsblattes* in Hamburg, seit 1995 dessen Geschäftsführer. Zahlreiche Aufsatz- und Buchveröffentlichungen, zuletzt *Vom Klingelbeutel zum Profitcenter? Strategien und Modelle für das Unternehmen Kirche*; lebt in Hamburg.

Arnd Brummer

Ist Protestantismus ansteckend?

Wie viel Bewegung braucht die Evangelische Kirche? Diese Frage beschäftigt mich nachhaltig. Man könnte auch anders fragen: Ist Protestantismus ansteckend? Oder: Wie sorgen wir dafür, dass er ansteckend wird?

Was mich veranlasst hat, im Protestantismus heimisch zu werden, ist die heitere, teilweise auch anstrengende Vielfalt des Suchens im Protestantismus. Diese ständige innere Unruhe erschien mir als sicherer Ort: Der sichere Ort der Bewegung. Der sichere Ort des Umgehens mit dem Wort, mit Gott, mit den Nächsten und endlich mit sich selbst. Für mich als Nichttheologen bedeutet evangelisch zu sein: Die Freiheitsfrage als Ausgangspunkt menschlichen Handelns zu begreifen und sie dann an die persönliche Verantwortung zu binden. Eine echte Freiheit ist daran zu erkennen, dass Entscheidungen verantwortet werden müssen, dass sie schlicht Folgen für die Einzelnen haben. Folgenlose Entscheidungen geben mir nicht die Möglichkeit die Freiheit meiner Entscheidung zu erleben. Folgenlose Entscheidungen sind vom Wesen her nicht frei, sondern beliebig. Peter Sloterdijk schreibt einmal: Wenn sich Freiheit auf die Frage vor dem Kleiderschrank reduziert, ob ich heute das froschgrüne oder das lachsrosa Jackett anziehe, bleibt nicht mehr allzuviel von ihr übrig. Das ist eine Freiheit, die wenig Folgen hat, es sei denn, meine Sekretärin ist allergisch gegen froschgrün.

Im Umgang mit Glauben, Kirche und Religion machen die Menschen von ihrer Freiheit auf andere Art Gebrauch. Sie wählen aus, welche Antworten auf die großen Fragen vom Sinn des Lebens ihnen plausibel erscheinen. Dabei interessiert sie -regional unterschiedlich – zunehmend weniger, was überkommene Traditionen ihnen vorgeben. Wobei sich auch die regionalen Unterschiede langsam verlieren, weil die Individuen sich dem medialen Globalisierungsprozess nicht entziehen können. Man kann heutzutage ohne Vermittler weltweit direkt und unmittelbar kommunizieren. Das Fernsehen tut ein Übriges und sorgt dafür, dass sich manch einer in seiner Wohnung auf Amrum oder im hessischen Bergland oder in den Straßen von San Francisco besser auskennt als vor der eigenen Haustür.

Was geographisch stimmt, trifft inhaltlich erst recht zu. Die Lebensentwürfe, die über die Medien geliefert werden, erreichen uns entkulturalisiert, weil wir den Kontext nicht kennen, aus dem sie entstanden und in dem sie begründet sind. Sie werden eins zu eins übernommen und in die persönliche Entscheidung einbezogen. Auch die Lebensläufe folgen nicht mehr einer Linie durch die Generationen. Ich selbst bin ein Beispiel dafür. Man kann heute als Kind katholisch getauft sein, als Teenager mit dem Buddhismus sympathisieren, sich als Vierzigjähriger von der Stimmung orthodoxer Ostergottesdienste hinreißen lassen und dann der Ehe wegen zum Protestantismus konvertieren, um auf sein Lebensende hin vielleicht in der Kabbala, der jüdischen Mystik, Heil und Frieden zu finden. Man kann mischen. Man kann das täglich machen. Man kann sich im Fernsehen morgens vom Ostersegen *urbi et orbi* aus Rom begeistern lassen, sich am Nachmittag in einem Dokumentarfilm in der Welt Nordschwedens auf den Spuren des Pfarrersohns Ingmar Bergmann bewegen und am Abend einen Actionthriller sehen, in dem irgendeine etwas seltsame Form von Zen die Grundlage bildet. Also, man kann alles Mögliche tun, innerhalb eines Tages, innerhalb eines Lebens. Bastelidentität, Patchworkidentität nennen die Soziologen das, wie etwa der Dortmunder Ronald Hitzler.

Für Anhänger eines geschlossenen dogmatischen Kirchenbegriffs ist so etwas natürlich eine grauenhafte Vorstellung. Wo die heilsame Ordnung des Lebens verloren ist, ist schließlich der Willkür Tür und Tor geöffnet. Wo kommen wir denn da hin! Da könnte ja jeder kommen!

Diese Angst vor der Befreiung des Individuums und seiner Befähigung zu einer persönlichen Entscheidung über seine Gottesbeziehung oder das, was er für plausibel hält in der Beziehung zu Gott, war Gegenstand der Reformation. Sie prägte die Haltung katholischer Kirchenfürsten im 16. Jahrhundert, als die Reformatoren die Heilige Schrift jedem Christen zur persönlichen Lektüre und konsequenterweise auch zur Auslegung überließen, ohne die Leute dabei natürlich allein zu lassen. Völlig klar.

Die Individualisten im globalen Dorf tun nichts anderes, als das Buch des Lebens höchstpersönlich auszuwerten, und dann auch noch höchst unterschiedlich. Gestern anders als heute und morgen wiederum konträr dazu. Den Menschen die Freiheit zu lassen, welche Antwort auf die Sinnfrage ihnen plausibel erscheint, das ist evangelisch. Aber es ist auch gut protestantisch, davon überzeugt zu sein, dass die Antwort Jesu Christi in seiner Gemeinde die brauchbarste darstellt. Und dafür gilt es zu streiten. Die streitbare Gemeinde, die weiß, was sie an Erfahrungswissen und bewährtem Glauben anzubieten hat, hat keine Angst vor dem Markt. Die wird sich auf dem Markt der Sinnanbieter neben flüchtigen Zeitgeisthändlern selbstbewusst behaupten. Mag sein, dass der eine oder andere seine Ware mal vorübergehend woanders kauft, aber zuletzt setzt sich der durch, der sein bewährtes, zuverlässiges Angebot von glaubwürdigen Menschen übermitteln lässt. Der hat Bestand, von dem ich weiß, dass ich mich an ihn wenden kann, wenn's mal knapp wird.

Die wettbewerbsfähige Gemeinde wird weder intolerant auftrumpfen, noch sich ängstlich verstecken. Oder anders gesagt: Sie wird mit diesem gesunden Selbstbewusstsein tatkräftig und geduldig operieren, ohne fundamentalistisch rabiat oder relativistisch feige zu agieren.

Ich behaupte – und so viel Ketzerei muss sein – der Protestantismus ist das beste religiöse Angebot, das unabhängigen Individuen in offenen Gesellschaften offeriert werden kann. Er bestärkt die Menschen im Bewusstsein, als Einzelne gemeint zu sein, wenn von den Kindern Gottes die Rede ist und er bestärkt sie, daraus die Konsequenz zu ziehen, dass auch die anderen als Einzelne gemeint sind. Er veranlasst sie, aus der allen Menschen gemeinsamen Gotteskindschaft gegenseitige Verantwortung zu entwickeln, indem man die Nächsten als Gemeinschaft unverlierbarer Eigenwesen annimmt.

Die Gemeinschaft der Freien und Entschiedenen ist nicht darauf angelegt, unter sich zu bleiben. Ihr Grundgesetz ist Bewegung. Hier setzen meine Überlegungen an, die Entfernung zwischen dem Sein unserer Kirche und ihrem Sinn, so wie ich ihn sehe, zu vermessen und daraus die Frage zu formulieren, wie viel Bewegung braucht die Kirche, um sie selbst zu sein? Vier Antworten versuche ich darauf zu geben.

Erste Antwort: Gemessen an dem Maß Bewegung, das sie braucht, befindet sich die Kirche gegenwärtig geradezu im Starrkrampf. Ich möchte zeigen, dass Form und Inhalt wesentlich mehr miteinander zu tun haben, als wir es in der Kirche des Wortes, der Kirche der Abstraktion gemeinhin zugeben. Wir erlauben uns Zusammenkünfte, ob Gottesdienste, Seminare oder Synodaltagungen, bei denen wir uns mit einem Panzer körperlicher Armut umgeben haben, der es uns schwer macht, uns selbst und einander zu bewegen.

Ich nehme mal einen beliebigen Sonntagsgottesdienst: Der Pfarrer auf der Kanzel, verschanzt. Und wenn das noch nicht genügt, dann verschanzt er sich hinter geschriebenen Texten, die er aus einem großen schwarzen Ringbuch liest. Nur keinen Augenkontakt zur Gemeinde aufnehmen, höchstens den Blick über die Gemeinde hinweg schweifen lassen. Steif, starr, bewegungsarm.

Jetzt wird sich der eine oder andere der Ausnahmen erinnern, die es gerade in seiner Landeskirche zahlreich gibt, und sagen: also wir sind da viel weiter als andere. Ich habe das häufig genug erlebt. Schließlich komme ich ein bisschen herum in Deutschland. Wenn meine zufälligen Stichproben einigermaßen repräsentativ sind, dann sind diejenigen Gemeinden der Normalfall, die ihre Kirche mit Bänken vollstopfen, damit ja kein freier Platz entsteht, obwohl nur noch 30, 40 Leute kommen. Sie rüsten sich zu mit starren Doppeloxern der Frömmigkeit, anstatt Platz zu schaffen. Diejenigen, die den Raum öffnen, die räumlich öffnen, finden sich in der Minderheit.

Und wie verhalten wir uns als Einladende zum Gottesdienst, in das Haus unseres Vaters? Wenn wir uns zu Hause bei Einladungen noch so verhalten würden, wie unsere bildungsbürgerlichen Vorfahren zu Beginn des 19. Jahrhunderts, dann würden wir uns gegenseitig für verrückt erklären. In unseren privaten Abendmahlssituationen haben wir längst die Befreiung vollzogen. Aber unseren Kirchenräumen und der Art und Weise, wie wir Gottesdienst feiern, lassen wir es viel zu selten zugute kommen. Da sind wir starr und steif. Und das bedeutet, dass die meisten unserer Gottesdienste bei den Besuchern keine Lust mehr erzeugen, keine Lust auf mehr.

Unsere Fürbitten sind ein guter Indikator für Unfreiheit in fehlender Nähe. Gut, es muss einem nicht immer gelingen, konkret zu sein und tatsächlich Nähe und Trost zu erzeugen. Aber man sollte es immer wieder probieren. Wir haben es uns angewöhnt, der Armen und Kranken zu gedenken und Gottes Hilfe für sie zu erflehen. Wenn wir die Menschen bewegen wollen, müssen wir konkret werden. Das sind wir in den ländlichen Bereichen Gott sei Dank zum Teil noch. Wenn wir Frau Emilie Meier in der Goethestraße 6 meinen, die nicht leben kann und die nicht sterben kann, und wenn wir Gottes Hilfe für sie wollen, dann müssen wir sie beim Namen nennen.

Wir müssen die Menschen dort abholen, wo sie sind, und nicht dort, wo wir sie gerne hätten. Da müssen wir mehr riskieren. Es fällt nicht allen leicht, die jahrelang auf Abstand trainiert waren, auf Abstraktion, auf Vergrundsätzlichung der Probleme, auf menschenleere Worthülsen getrimmt, auf menschenferne Gesten. Der alte bildungsbürgerliche Verein evangelische Kirche muss Herzen und Türen weit aufmachen für diejenigen, die nicht so recht zu uns zu passen scheinen. Wir müssen eine Bürgerbewegung Jesu Christi werden.

Als Bildungsbürger, die wir zum guten Teil sind, beschäftigen wir uns häufig mit den Mühseligen und Beladenen. Aber diese Menschen sind nicht Subjekte in unseren Gemeinden. Im Normalfall sind diese Menschen Objekte unserer Sozialpolitik, unserer Hilfsbereitschaft. Diese Menschen – wir kennen sie alle – in ihren hässlichen, fallschirmseidenen Trainingsanzügen, wie sie samstags mit ungewaschenen, fettigen Haaren in den riesigen Einkaufszentren am Rand der Städte mürrisch ihre Wägen durch die Gänge schieben. Für die sind wir da. Für die tun wir sozial vieles, aber wir wollen eigentlich sonst nichts mit ihnen zu tun haben. Und erst deren Geschmack! Musikantenstadel. Oder schrille, laute Rave-Musik. Da wird einem als Bach- und Mozartliebhaber, der ich auch bin, ganz blümerant. Für solche Menschen Spenden einzusammeln, Arbeitslosentreffs zu organisieren oder soziale Frauenarbeit zu leisten, das befriedigt. Wir haben unsere Pflicht ihnen gegenüber getan. Wir haben uns für sie eingesetzt. Aber Gemeinschaft mit diesen Menschen möge uns doch bitte erspart bleiben. Wir wollen mit denen nicht feiern, es sei denn, die Feier findet zu unseren Konditionen statt. Besser, die fühlen sich fremd beim Weihnachtsoratorium, als wir bei den trivialen Liedern, die wir so flüchtig vom Zappen im Fernsehen kennen.

Die evangelische Kirche im Großen, die meisten Mitglieder der Kerngemeinde – ich rechne mich dazu – sowie die Mehrzahl der Hauptamtlichen im Kleinen, haben ein gespanntes, missvergnügtes Verhältnis zur Trivialkultur, zur Massenkultur. Wir müssen dieses Verhältnis zur Massenkultur in Ordnung bringen, wenn wir eine Bürgerbewegung Jesu Christi in diesem Lande werden wollen. Wenn wir wollen, dass möglichst viele mit uns feiern, bei uns bleiben oder zu uns stoßen, dann müssen wir unsere teilweise – da spreche ich auch an meine eigene Adresse – unerträgliche bildungsbürgerliche Arroganz fallen lassen und uns mit den kulturellen Gepflogenheiten versöhnen, die jene praktizieren, die wir erreichen wollen.

Mission im eigenen Land heißt, sich auf die Massenkultur in Deutschland einzustellen. Die mediale Entwicklung der vergangenen Jahre, die Explosion der Fernsehkanäle, das ewig bunt bebilderte, in schnellen Schnitten aneinander gereihte Material der Volksunterhaltung, mag uns persönlich abschrecken. Es kann auch niemand verlangen, dass uns das gefällt. Aber wenn wir uns seiner nicht bedienen, werden wir diese Bürgerbewegung Jesu Christi nie zusammenbringen, sondern ein elitärer Club bleiben, mit immer weniger zahlenden und immer weniger aktiven Mitgliedern. Kein Club unbedingt der Besserverdienenden, sondern einer für jene, die glauben, sie hätten Besseres verdient.

Zweite Antwort: Bewegung heißt nicht, darauf zu warten, bis sich andere bewegen, sondern sich selbst aufmachen nach Bethlehem oder sonst wohin. Wie sieht es denn aus mit den Besuchsdiensten in unseren Gemeinden? Dort, wo es ein paar unermüdliche Aktivisten gibt, läuft es. Ansonsten ist es doch so, dass die Kerngemeinde – fünfzig, sechzig Menschen, in guten Fällen plus Kantorei, in schlechten Fällen inklusive Kantorei – am liebsten unter sich bleibt. Gut, wer von sich aus zu uns stößt, den haben wir noch nie abgewiesen, den nehmen wir durchaus auch in unsere Reihen auf, nachdem wir ihn ausgiebig beschnuppert und getestet haben: Ach, Sie sind jetzt auch hier! Ich habe Sie schon ein paarmal gesehen, ich habe Sie nur nicht angesprochen! Es ist an dem Neuankömmling, sich zu beweisen. Er oder sie müssen an die Pforte klopfen, dann wird ihnen – vielleicht – aufgetan. Sollen wir aber den Menschen in diesem Land hinterher laufen? Das kann man doch von uns nicht erwarten.

Längst nicht alles, was neu ist, muss bejubelt werden. Ich rede auch von den neuen Formen der Abschreckung. Von den ganz witzigen Veränderern, z. B. jenem Pfarrer, der gesagt hat: »Dieser Anrufbeantworter, der muss völlig neu besprochen werden, nicht mehr so dröge, sondern witzig, sarkastisch.« Pech, dass der erste Anrufer, der den witzigen Text präsentiert bekam, wegen eines Trauerfalls anrief. *Kundenorientiert*, also missionarisch agieren, bedeutet: solche Dinge ernst zu nehmen. Und es heißt Bewegung, Bewegung auf die Menschen zu. Das ist urprotestantisch und gut protestanisch. Aber diejenigen, die sich da bewegen, die geraten leicht in die Frömmlerecke. Wer ein Besuchsprogramm erwägt, um die Menschen überhaupt einmal zu fragen, wie viel Kirche sie wollen, bekommt regelmäßig zu hören: Die Leute wollen doch gar nicht behelligt werden. Sie wissen doch alle, wo die Kirche steht. Wenn sie uns brauchen, dann kommen die schon.

Eine solche Einstellung hat mit Paulus nichts zu tun und mit Jesus schon gleich gar nicht. Volk Gottes sein heißt unterwegs sein, nicht nur im Geist, sondern auch physisch. Das Sonntagsblatt hat zum Missvergnügen vieler einen Kongress veranstaltet, mit dem Titel *Unternehmen Kirche*. Wir reden dort viel von Kundenorientierung, das wurde und wird uns übel genommen. Ich bekam einen Brief, der typisch war für viele andere: »Unser König ist nicht der Kunde, unser König heißt Jesus Christus«. Das ist richtig. Aber heißt es nicht auch, was ihr dem geringsten meiner Brüder getan habt, das habt ihr mir getan? Wenn Jesus Christus, wenn Gott unser König ist, sollten da nicht auch unsere Nächsten Könige sein, also wenigstens wie gute Kunden behandelt werden? Unsere Nächsten, die mit acht bis neun Prozent ihrer Steuerschuld an der Finanzierung unser Bürgerbewegung Jesu Christi beteiligt sind. Dürfen die nicht erwarten, dass man bei ihnen zu Hause einmal läutet und sagt: »Guten Tag, ich komme von der XY-Gemeinde und möchte fragen, wie es Ihnen geht«? Und dann fragt die Besucherin vielleicht noch: »Was können wir tun, dass wir Sie häufiger bei uns sehen oder was machen wir falsch, dass wir Sie so selten begrüßen können?«

Wir sollten uns auf den Weg machen und erkunden, was unsere Brüder und Schwestern von unserer Gemeinschaft erwarten. Das ist reformatorische Theologie pur: Wir, die Kerngemeinde, sind allein durch die Tatsache, dass wir der Gnade Gottes teilhaftig geworden sind, zu Priestern berufen. Wir sind alle Hirten unserer Nächsten. Die Hüter unserer Brüder und Schwestern. Welcher Hirte sitzt im Schäferkarren und wartet darauf, dass die Schafe im Sturm den Weg in die Hürde von selbst finden? Und sagt er von denen, die nicht zu ihm kommen, die wollen in Ruhe gelassen werden? Als Gläubige und damit als Hirten unserer Nächsten haben wir den pfingstlichen Auftrag erhalten, hinaus zu gehen und mit unseren Brüdern und Schwestern zu sprechen. Und zwar in ihren Sprachen, mit ihren Zungen! Das ist für mich Pfingsten heute: Sich mit der Alltagssprache auseinanderzusetzen; klar und derb und deftig zu reden; die Leute zu erreichen versuchen. Die Frohe Botschaft ist eine Bringschuld der Kinder Gottes, deshalb heißt sie ja auch nicht Frohe Holschuld! Sie ist keine Holschuld jener, die noch nicht oder nicht mehr wissen, dass sie es sind.

Es gibt viel mehr Menschen, als wir glauben, die religiös ansprechbar sind. Sie sind mit vordergründiger Mission nicht zu überzeugen, sind aber ansprechbar. Bewegung heißt auch Bewegung des Herzens.

Dritte Antwort: Wir müssen beherzt sein und Risiken in Kauf nehmen. Die Bürgerbewegung Jesu Christi, also die evangelische Kirche, muss aus der Defensive heraus. Anstatt unser Erlösproblem, unser Erlösungsproblem, anzugehen, also zu fragen, wie wir die Kenntnisse der engagierten Menschen besser nutzen können bzw. wie wir immer mehr Menschen davon überzeugen können, sich auch materiell für diese Kirche zu engagieren, haben wir über lange Zeit darauf gesetzt, finanzielle Risiken zu vermeiden und Kosten zu senken. Aber man muss sich ab und zu fragen, wo und wann ist Risikokapital einzusetzen? Und wenn ich damit auf die Medien komme, denke ich diesmal bei Geld ausnahmsweise nicht an das Sonntagsblatt, sondern z. B. an Radio Paradiso in Berlin oder den einen oder anderen Presseverband. Es gibt diese schlaue Argumentation, wie viele Pfarrstellen, wie viele Seelsorger könnten wir uns leisten, wenn man diese überflüssigen Medienengagements beseitigen könnte. In der Gesellschaft von heute, mit 28 per Kabel empfangbaren Fernsehkanälen, mit mehr als 40 Hörfunkprogrammen, ist Medienarbeit und Medienstrategie Seelsorge. Man muss sich immer wieder fragen, ob und wie die Kirche in den Medien präsent ist. Und dann müssen wir Risiko in Kauf nehmen. Gerade im Umgang mit der Massenkultur.

Denn auch im Mediensektor sind wir zum Teil der verquaste bildungsbürgerliche Verein. Wenn die evangelische Kirche über AV-Medien, über Hörfunk, vor allem aber über Fernsehen spricht und nachdenkt, hat man den Eindruck, sie denke immer an Ulrich Wikkert und nie an Thomas Gottschalk, nie an die *Lindenstraße* oder an *Verbotene Liebe.* Die Deutungsgewalt der Seifenopern für Lebensentscheidungen vieler Menschen in diesem Lande wird von der evangelischen Kirche insgesamt und von den meisten ihrer Verantwortlichen weitgehend unterschätzt, die Deutungsmacht von Kanzel und Katheder und Elternhaus hingegen maßlos überbewertet.

Welche Entscheidungen ich in meinem persönlichen Lebensentwurf treffe, wie ich mit meinen Beziehungen umgehe, da reden die tausend Mütter, Väter, Brüder, Schwestern, Vettern, Cousinen, Onkel und Tanten der Seifenopern ständig mit. Das hinterlässt Spuren. Und wir nehmen es einfach nicht wahr. Relativismus wäre es, einfach zu sagen: Na ja, wir müssen kapitulieren, das sind jetzt halt die neuen Erzieher, die neuen Glaubensväter und -mütter. Fundamentalismus hieße: diese Seifenopern zu verteufeln. Die Kirche sollte vielmehr selbst Unterhaltungsprogramme im großen Stil, inklusive Seifenopern produzieren oder zumindest versuchen, die Stories und Drehbücher der Seifenopern zu beeinflussen. Das setzt eine Strategie voraus. Die katholische Kirche hat übrigens längst eine Werkstatt für Drehbuchschreiber und Storyliner eingerichtet.

Wer etwas ausprobiert, etwas riskiert, muss scheitern dürfen. Manchmal habe ich den Eindruck, es sei dann besonders evangelisch, wenn wir nichts mehr ausprobieren, weil wir Angst vor dem Scheitern haben. Wir müssen scheitern dürfen und dann aus dem Scheitern lernen. Wir müssen überlegen, wie wir diejenigen von uns, die bereit sind ein Risiko für unser aller Zukunft auf sich zu nehmen, unterstützen, und wie wir sie absichern. Zu verharren und sich nicht zu bewegen, bedeutet zunächst einmal ein geringes Risiko, was Fehlinvestitionen angeht. Aber aus einem solchen Verhalten entstehen keine Chancen. Und das Nichterzeugen von Chancen ist auf mittlere Sicht schon sehr viel kostspieliger als ein paar missglückte Versuche.

Vierte Antwort: Unsere Sprache braucht Bewegung. Das Mediengenie Luther sah dem Volk aufs Maul und redete ihm nicht nach dem Mund. Luther verpackte das, was er zu sagen hatte, so, dass es seine Zeitgenossen verstanden. Und da verwendete er nicht die Sprache der Höfe oder der Intellektuellen, die er fantastisch beherrschte, Latein, Griechisch. Nein, dieser exzellente Altphilologe übertrug das Wort Gottes in die deftig, kräftig, heftige Alltagssprache seiner Zeit, wie wir sie heute wahrscheinlich auf SAT 1 oder in der Bildzeitung fänden. Er hat aus der intellektuellen Sprache heraus übersetzt.

Die reformatorische Aufgabe heißt heute, aus dem Sprachgefängnis der preußischen Bürokratenterminologie auszubrechen. Sie durchsäuert Predigten und öffentliche Einlassungen, Denkschriften, Kundgebungen und Wort in einem Maße, dass wir alle denen danken müssen, die überhaupt noch zuhören und lesen. Alles ist zudem so wohlabgewogen und vom Kompromiss getragen, dass es keinen Anstoß mehr erregt, weil es nicht mehr anstößig ist. Anstößig sein, Anstoß geben, schon wieder ist die Rede von Bewegung. Ich bewege die Herzen und Hirne nicht, wenn die Kompromissformel schon am Beginn der Diskussion steht.

Es wird in dieser Kirche zu viel abgesichert und zu viel in Gremien verhandelt. Zu wenige Leute übernehmen die persönliche Verantwortung, sich mit einer möglicherweise steilen These oder provokanten Aussage aus der Gruppe herauszuwagen. Im Übrigen: Das Problem ist aus meiner Sicht nicht die sogenannte Amtskirche. Wir leiden eher darunter, dass wir eine Gremienkirche sind. Gremien sind ein viel gefährlicherer Ort als Amtsstuben. Wenn jemand ein

Amt hat, gewählt ist, dann kann ich ihn auch zur Verantwortung ziehen. Aber in Gremien ist die Chance sehr groß, dass Einzelne sagen: Oh, das habe ich nicht gewusst, bei der Abstimmung war ich gerade draußen. Oder: Das können wir doch mit einem zusätzlichen Spiegelstrich reparieren.

Die Kirche des Wortes ist zu einer Kirche der Worte geworden, zu einer Kirche der Papiere. Sie hat auf diesem Weg viel von ihrem reformatorischen Charme, ihrem Eros verloren. Und wenn sie sich auf ihr Evangelischsein selbst besinnen will, dann muss sie zu diesem Risiko, zur ungeschützten Verkündigung zurückfinden. Herunter vom elfenbeinernen Kirchturm! Heraus aus der Deckung! Hin zu den Menschen. Lust an der Wahrheit. Lust auf Menschen, Lust auf Liebe. Freiheit zum Wagnis, anderen eine Freude zu machen, ihnen Gutes zu tun, und weniger Freiheit zum Verzicht, zur sauren Pflicht, zur Entsagung. Der nachhaltigste Protest gegen Konsumismus und Ökonomisierung ist echte Sinnlichkeit, ist Liebe, ist Nähe, ist Trost und Verständnis. Das andere hätten die Kommerzprediger ja gerne, hier der süße Konsum, dort die saure Moral der altmodischen Kirchen. Da gehen wir ihnen auf den Leim, wenn wir freiwillig die Rolle der Trauerklöße übernehmen und uns aller Farbe berauben. Wir müssen unser Gegenprogramm positiv formulieren: Konsum musst du teuer bezahlen, die Liebe Gottes bekommst du geschenkt – übrigens auch, wenn du Konsument bist!

Wer mit anderen eine gute Flasche Wein aufmacht und ohne Murren gastfrei ist, wer anderen Lachen und Wärme schenkt, der weckt die Lust auf mehr, mit dem will man zusammen sein. Wir sollten versuchen, Lust auf Kirche zu machen, auf diese Gemeinschaft, auf diesen Trost, auf diese Nähe, weil es dort schön ist und gut tut, warm ist. Und unsere Gottesdienste müssen zuvörderst diesen Anspruch erfüllen.

Evangelisch sein, das muss gleichbedeutend sein mit Freiheit, mit Freude und Offenheit.

Nicht geredet habe ich bisher von Strukturen, von Organisation, von Lehre und von Proprium. Letzteres kann ich nicht mehr hören. Für mich lautet das Proprium Glaube, Hoffnung, Liebe. Ich weiß, akademische Theologie ist wichtig. Und strukturelle Reformen sind ebenfalls wichtig. Sie sind bedeutsam, weil sie dazu beitragen können, die Kirche dort stark zu präsentieren, wo sie stark ist: in der Gemeinde. Oder dort, wo sie stark werden muss: in den Medien. Als Landeskirche, als Kirchenkreis, als EKD-Synode erreicht die Kirche ihre Glieder nicht, muss sie auch nicht. Organisation und Struktur haben nur einen Sinn: Sie sorgen dafür, dass wir über die Grenzen der engen Gemeinde hinaus eines Geistes bleiben. Im Wirtschaftsenglisch unserer Tage: sie sind notwendig für eine Corporate Identity. Menschen müssen sich darauf verlassen können, dass sonntags Gottesdienst ist, wo immer ihnen ein Kirchturm entgegenragt. Sie müssen sich darauf verlassen können, dass die Leute, die dort tätig sind, die hauptamtlichen Exponenten, einheitlich gut trainiert sind und über ihre Aufgabe Bescheid wissen. Das muss eine Struktur, eine Organisation gewährleisten.

Organisation und Struktur sind nötig, um in aller Verschiedenheit die Einheit sichtbar zu machen. Daimler Benz verkauft Autos. Dazu muss niemand wissen, wie in Stuttgart die Verwaltung organisiert ist. Das sollten wir also lautlos und schnell erledigen, wenn wir Strukturreformfragen behandeln. Wenn jedoch die Repräsentanten des Unternehmens, Menschen also, bekannt sind, zu Talkshows geladen werden und dort eine gute Figur machen, dann tut es dem Unternehmen und dem Autoabsatz gut. Ich spreche also nicht dagegen, dass eine Pröpstin, ein Bischof, ein EKD-Ratsvorsitzender, ein Präses, Kirchenpräsident oder wer auch immer in Erscheinung tritt und öffentlich eine gute Figur macht. Aber unsere Strukturveränderungsdebatten, die sollten wir lautlos, schnell und alleine lösen.

Mit unserem Produkt, mit dem, was wir anzubieten haben, mit der befreienden Botschaft von der Liebe Gottes in Jesu Christi, sollten wir nach außen wirksam werden. Die Repräsentanten müssen auch vor Ort überzeugend wirken, das heißt heute Zeugnis geben. Was wir brauchen, sind charismatische Persönlichkeiten. Die aber, so habe ich das Gefühl, werden eher ausgesondert. Es setzt sich zufällig dort mal einer durch und dort, weil es ja auch risikobereite Persönlichkeiten sind. Die hat man nicht unter Kontrolle. Ich freue mich immer wieder, dass unter den leitenden Geistlichen doch einige sind, die wider den Stachel löcken.

Es ist wichtig, darüber nachzudenken, wer am besten geeignet ist, das Wort zum Sonntag im Fernsehen zu sprechen. Es ist nicht ehrenrührig, wenn diese Aufgabe künftig weniger als Belohnung verdienter Pfarrerinnen und Pfarrer, denn als Herausforderung an versierte Verkünder angesehen wird. Wir dürfen Moses nicht an's Mikro schicken, wenn er stottert, mag er noch so klug und gerecht sein. Dann muss Aaron für ihn reden, menschlich fehlbar, theologisch möglicherweise nur halb so gebildet, aber in der Lage, vor den Kameras und vor Radiomikrofonen eine gute Figur zu machen.

Die Kirche braucht Medienstars. Sterne nicht um ihrer selbst willen, Sterne, die das Licht Gottes polarisieren und reflektieren. Und da sind wir häufig zu sehr befangen, von Skrupeln gehemmt. Wir orientieren uns an evangeliumsfremden Kriterien wie Proporz und Verdienst. Wichtig allein ist, die Menschen zu erreichen und dabei glaubwürdig zu bleiben. Zum Glaubwürdigsein gehören überzeugende, kommunikationsfreudige und durchaus redebegabte Exponenten. Wer für die Kirche öffentlich agiert, muss Spaß daran haben und von seiner Kirche trainiert und gefördert werden, und zwar viel besser, als das heute der Fall ist.

Evangelischsein heißt in Bewegung sein! Evangelische Kirchlichkeit ist keine Parallelveranstaltung zum römischen Kirchenbegriff. Genau genommen ist evangelische Kirchlichkeit wahrscheinlich die Mitte zwischen Sektenwesen und römischem Zentralismus. Eine Vielfalt in Einheit mit einem Minimum an Organisation und einem Maximum an Freiheit, ein »sich gegenseitig aushalten und akzeptieren, ohne auseinander zu laufen oder unter Druck gehalten werden«. Eine Bewegung mit vielen Verantwortlichen, mit vielen Menschen, die Verantwortung übernehmen. Bürgerinnen und Bürger, keine Kleruskirche, aber auch keine fromme Insiderveranstaltung. Ein offenes Angebot, das auch angeboten wird und nicht versteckt. Ein Ort der Auseinandersetzung ohne schlechtes Gewissen. Das Ringen um die Wahrheit adelt alle, die daran teilnehmen. Was mich immer fasziniert, sind die Auseinandersetzungen zum Beispiel zwischen Paulus und Petrus um die Heidenmission. Paulus' unendliche Streitigkeiten mit den Gemeinden, das ist spannend, das ist Lehrmaterial über das Zusammenleben von Christen. Produzieren wir mehr solches Lehrmaterial, streiten wir mit Lust, saftig, aber unter Wahrung unserer Würde, damit wir uns am Ende ebenso lustvoll und freudig versöhnen können.

Vielerorts wird beklagt, dass Menschen gar nicht mehr bereit seien, sich zu engagieren. Es ist mir ein Rätsel, warum wir dabei die Individualisierung als Gefahr sehen. Es mag richtig sein, dass sich die Leute schwerer einbinden lassen und sich weniger häufig auf unendliche Zeit engagieren. Ich möchte darauf nicht näher eingehen. Andererseits ist es aber eine schöne Seite der individuellen Freiheit, wenn sie selbst entscheiden. Und ob die Bereitschaft, sich zu engagieren, tatsächlich im Schwinden begriffen ist, weiß ich nicht. Ich glaube, dass die Menschen sich nicht gegen die Sache Jesu Christi wehren, also gegen Glaube, Hoffnung und Liebe. Sie sind nicht gegen die Kirche. Sie sind nicht immun gegen soziales Engagement. Sie wollen nur keine langweiligen Predigten mehr hören, keine unsinnlichen Gottesdienste mehr erleben und ständig ein schlechtes Gewissen gemacht bekommen. Sie wollen angenommen werden, um andere annehmen zu können.

Das ist unsere Aufgabe als evangelische Kerngemeinde: Wir müssen Nähe und Trost stiften, damit Menschen andere trösten können und ihnen wiederum Nähe spenden können. Das ist Kern und Ziel aller Bewegungen im Name der Liebe Gottes.

Däubler-Gmelin, Herta, Prof. Dr., geb. 1943, Bundesjustizministerin. Nach Studium der Geschichte, Volkswirtschaft, Rechtswissenschaft und Politikwissenschaften in Tübingen und Berlin Tätigkeit als Rechtsanwältin in Berlin; seit 1972 Mitglied des Deutschen Bundestages, dort u. a. Vorsitzende des Rechtsausschusses, stellvertretende Vorsitzende der SPD-Bundestagsfraktion; seit 1982 Mitglied des SPD-Präsidiums; nach regelmäßiger Vorlesungstätigkeit zum Themenbereich *Recht und Politik* Ernennung zur Honorarprofessorin an der FU Berlin; Mitglied in zahlreichen Organisationen, u. a. in der ÖTV und ehrenamtlich in vielen Vereinen und Stiftungen engagiert, u. a. im Evangelischen Studienwerk Villigst e. V.; seit 1998 Mitglied der Bundesregierung. Justizministerin der Bundesrepublik Deutschland; lebt in Tübingen und in Berlin.

Herta Däubler-Gmelin

Die Kirche 2000 und das Recht

Ich würde gerne das Thema *Die Kirche 2000 und das Recht* ein bisschen weiter fassen. Wie verhält es sich mit Kirche und Staat, Staat und Kirche? Welche Probleme gibt es momentan zwischen politischen Parteien und den Kirchen und wie wird das in den nächsten Jahren aussehen? Mich beschäftigt das sehr, weil ich glaube, dass wir uns heute – wenn wir uns als protestantische oder katholische Christen für den Staat verantwortlich fühlen – sowohl die Wirkungsbedingungen von Kirche und Politik als auch den Stellenwert von Parteien genau vor Augen halten sollten. Ich befasse mich schon seit geraumer Zeit damit. Lange bin ich in der SPD-Führung für den Dialog mit den Kirchen zuständig gewesen. Auch jetzt, wo ich die offzielle Funktion einer Kirchenbeauftragen der SPD nicht mehr habe, weil ich mich ganz auf das Amt der Justizministerin konzentrieren möchte, liegen mir die Beziehungen zu den Kirchen ganz besonders am Herzen.

Wir tun gut daran, in den nächsten Jahren darüber nachzudenken, was eigentlich Parteien sind und wie sich Christen einbringen können. Denn es gibt gegenwärtig wichtige Themen, bei denen Kirche und Staat, Politik und Parteipolitik gefragt sind. Ich will lediglich ein paar von ihnen aufzählen: Da ist immer noch diese schreckliche Geschichte der Spätabtreibungen. Da ist diese leidige Geschichte mit den Schwangerschaftskonfliktberatungsstellen, die vor allem die katholische Kirche betrifft. Weiter gibt es viele Fragen zum Umgang mit dem Problem *Schutz des Lebens*. Es gibt die pränatale Diagnose, die ursächlich ist für viele der Probleme, die wir im Bereich der Spätabtreibungen haben. Es gibt auch noch eine Reihe ganz anderer Bereiche innerhalb unserer technischen und wissenschaftlichen Möglichkeiten, bei denen man nicht so recht weiß, was ethisch vertretbar ist. Es muss gefragt werden, was dazu eigentlich Christen sagen, zum Beispiel zur Präimplantationsdiagnostik: das ist eine Möglichkeit, über die Qualität von Leben schon vor der Befruchtung zu entscheiden, also eine Form des Screenings vorzunehmen, und dann darüber zu bestimmen, ob dieses Leben lebenswert ist oder nicht. Dann gibt es noch weitere Themen, die ganz speziell mit der neuen Bundesregierung zu tun haben, z. B. die eingetragenen Lebenspartnerschaften, also dieses neuen familienrechtlichen Instituts, das nichts mit der Ehe zu tun hat.

Geht man vom Grundsätzlichen in den Bereich der Politik über, gibt es die Frage nach den Auswirkungen einer Steuerreform auf die Kirchensteuer. Was sagen die Kirchen dazu und was können sie angesichts dessen noch tun? Das geht weiter bis zur Frage der Ersetzung des obligatorischen Religionsunterrichtes in den Schulen durch ein Fach, das sich LER nennt und das sehr viel mit allgemeiner Ethik, aber auch mit Religion zu tun hat. Da ist dann auch die rechtliche Situation zwischen Kirchen und Staat gefragt. Und um als letztes Beispiel ein ganz aktuelles zu nehmen: Wie verhält es sich mit dem Ladenschutz? Spielt am Sonntag nur noch eine Rolle, dass die Leute ausschlafen wollen oder dass man den kulturellen, gesellschaftlichen, zeitlichen Freiraum hat oder hat das auch etwas mit Religion zu tun? Was sagen dazu eigentlich Christen?

Alle diese Themen sind heute im Verhältnis Kirche und Staat, Politik und Kirchen von Bedeutung. Wie ist die Situation heute und wie soll sie morgen sein? Wie sollen sich politische Menschen, wie sollen sich christliche Menschen in dem jeweils anderen Bereich verhalten?

Zuvor jedoch ein kurzer Überblick darüber, was wir – ausgerichtet auf unser Thema – heute nach Auffassung der Sozialdemokraten unter einer Partei zu verstehen haben, was die Aufgabe des Staates und was die Aufgabe der Kirchen in unserem Staat ist. Was ist eigentlich eine Partei nach dem Verständnis der Sozialdemokraten?

Wenn man eine Bürgerin oder einen Bürger, die sich noch nicht sehr mit Fragen dieser Art befasst haben, danach fragen würde, wären sie vermutlich der Meinung, dass eine Partei irgendwie etwas sei, bei der man am besten seine eigene Meinung an der Garderobe abgebe und dann verpflichtet sei, alles zu glauben, was dort erdacht, festgestellt oder im Programm festgeschrieben wird. Aber das ist natürlich weit gefehlt, weil das nicht nur eine Form eines in sich geschlossenen Verbandes wäre, der den Anspruch erheben würde, über das Denken und die Grundverständnisse zu bestimmen. Eine Partei im Sinne eines demokratischen Rechtsstaates und nach dem Verständnis der Sozialdemokratischen Partei ist das nicht. Eine Partei ist eine höchst diesseitige Veranstaltung, der keinerlei Zuständigkeit für die letzten Dinge zukommt, die eben gerade nicht die Aufgabe hat, eine in sich geschlossene Ideologie zu entwickeln und schon gar nicht Trägerin eines Wahrheitsanspruchs ist. Vielmehr hat eine Partei die Aufgabe, politische Zielvorstellungen und Vorstellungen darüber, wie sie diese Ziele verwirklichen will, in programmatischer Form aufzuarbeiten und vorzulegen und sie hat dann darzutun, an welchen Wertvorstellungen sie sich in den tagespolitischen Entscheidungen orientiert. Es ist Sache des einzelnen Mitglieds, nicht der Partei, darüber zu befinden, aus welchen Grundüberzeugungen heraus es in einem bestimmten Bereich mitarbeiten will oder mitarbeiten kann. Es gibt kein Entscheidungsmonopol der Partei über Überzeugungen. Entsprechend kann es nach Auffassung des sozialdemokratischen Parteiverständnisses deswegen nur Christen in einer Partei geben, nicht aber eine christliche Partei, d. h. es hängt von den Personen ab. Aber auch das Beiwort *christlich* deckt sich nicht mit dem, was wir unter Partei verstehen. Jede Partei – egal wie sie sich nennt – ist dann, wenn sie demokratisch strukturiert ist und diesen Grundsätzen genügt, im Rahmen des demokratischen Wettbewerbs für die konkrete Gestaltung der politischen Realität mit verantwortlich. Zusammengefasst: Nicht die Partei bildet Überzeugung oder entscheidet. Vielmehr sind es die Menschen, die darüber entscheiden, mit welcher Überzeugung sie in eine Partei hineingehen. Das ist deswegen von Bedeutung, weil nur so gerechtfertigt werden kann, dass Christen sich überhaupt in einer Partei engagieren, was wir ja nun sehr deutlich wollen.

In der Partei, der ich angehöre und die 135 Jahre alt ist, war das nicht immer so. Vielmehr wollte die Arbeiterbewegung damals vor 135 Jahren diese geschlossene Ideologie. Aus der damaligen Zeit der frühen Industrialisierung war es verständlich, weil es in der Arbeiterbewegung eine absolute Gegenstellung zu den Kirchen und zum Staat gegeben hat. Bei der protestantischen Kirche waren Thron und Altar die Antipoden zu dem, was die Arbeiterbewegung wollte – sei es nun die frühe Sozialdemokratie oder auch die Gewerkschaften. Bei der katholischen Kirche war es dann von beiden Seiten her noch ideologisch zusätzlich vermauert, weil auch die katholische Kirche der Meinung war, man könne als katholischer Christ nicht zu den Sozialdemokraten gehören. Die einen haben die anderen ausgeschlossen und geächtet. Das hat sich auf der Seite der Sozialdemokraten relativ bald geändert. Es hat aber dann noch bis 1959 gedauert, bis im Parteiprogramm der Sozialdemokraten ganz offen anerkannt wurde, dass sich hier Menschen unterschiedlicher Meinungen, die humanistischer, marxistischer oder christlicher Grundüberzeugung seien, zusammenfänden, um bestimmte Werte in der Politik durchzusetzen und Tagesentscheidungen davon abzuleiten. Auf der Seite der Kirchen war es etwas anders. In der Weimarer Zeit begann sich das Verhältnis zwischen Protestantismus und SPD etwas zu lockern. Bei der katholischen Kirche hat das viel länger gedauert. Da hat es einiger Enzykliken bedurft. Ich erinnere mich noch sehr gut. Es war in den siebziger Jahren, als der damalige Bundesjustizminister Vogel, ein überzeugter katholischer Christ, aus der Enzyklika *Laborum exercens*, die interessante sozialpolitische Aussagen zum Wert der Arbeit und zum Sinn des Lebens enthält, vorlas. Ohne zunächst zu sagen, was er las, wurde er häufig durch unwillige Zwischenrufe unterbrochen, etwa in dem Stil: »Jetzt hören Sie doch einmal auf, diese sozialdemokratische Ideologie zu verbreiten!« Als er entgegnete, dass er aus der päpstlichen Enzyklika vorlas, sorgte das natürlich für Heiterkeit. Das zeigt, dass es viele Annäherungen, gerade zur Frage der Menschenwürde, zur Arbeit, zum Sinn des Lebens und zum Schutz des Lebens gegeben hat.

Was hat nun der Staat für eine Aufgabe? Was hat er anzuerkennen und was kann er im Bezug auf letzte Wahrheiten und Grundwerte selber bestimmen? Wir gehen alle mit unserer Verfassung davon aus, dass der Staat ebenfalls nicht letzte Werte setzt, sondern diese Werte vorfindet und sie respektieren muss. Deswegen gibt es heute die Bindung von politischer Macht an Recht. Das bedeutet keineswegs, dass die politische Macht sich nur an die Gesetze halten muss, sondern vielmehr die Grundrechte als vorgegebene, vorgefundene Rechte respektieren muss. Das lässt sich sowohl theologisch wie auch juristisch, auch verfassungsrechtlich, begründen. Die Individualität des Menschen – das spielt dann für die Frage *Schutz des Lebens* eine Rolle, wenn es darum geht, was wir selbst tun können und was wir mittels der Biomedizin überhaupt manipulieren dürfen – lässt sich theologisch wie verfassungsrechtlich zu den gleichen Zielvorstellungen bringen. Menschenwürde ist der Begriff, wie er aus der Menschenrechtsdiskussion kommt und in die Verfassungsdiskussion übergegangen ist. Gottesebenbildlichkeit ist der Begriff, den die Theologie dafür hat. Beides besagt hier das Gleiche: Der Staat hat vorgegebene Dinge zu achten, die aus einer anderen, vorstaatlichen Wertediskussion menschenrechtlicher Art kommen und ganz eindeutig christlicher Art sind.

Wie stellt sich die Kirche in diesem Kontext? Unser Staat ist eine Demokratie. Diese demokratische Struktur ist in unserer Vorstellungswelt völlig unveränderlich. Sie gehört zu den unveränderlichen festgeschriebenen Bestandteilen unserer Verfassung. Die letzte politische Macht geht vom Volk aus. Dem stellen sich die Parteien. Deswegen sollen diese an der Willensbildung mitwirken. Wo ist hier der Raum der Kirche? Kirchen sind bei uns in der Verfassung nur in Artikel 4 in dem Grundrecht auf Religionsfreiheit und dann in den Übergangsartikeln, die das Verhältnis zu den Kirchen ordnen, erwähnt. Wo ordnen sich die Kirchen ein? Lange Zeit hindurch – da will ich nochmal das Stichwort von Thron und Altar aufgreifen – waren die Kirchen der Meinung, sie seien irgendwo im Bereich des Staates angesiedelt, und bezogen sich auf etwas, was der Zivilgesellschaft vorangestellt ist, was in der Bedeutung höherwertig wäre, was eine abgeleitete Macht über Menschen hätte, eine Macht, die praktisch nur vom Staat kommen kann. Heute gibt es diese Gemeinsamkeit von Staat und Religion noch in Staatsformen, die nicht unsere sind, wie in Theokratien, wie sie dem Anspruch, nicht der Wirklichkeit nach vorkommen, z. B. in islamisch-fundamentalistischen Staaten wie den Thalibanstaaten. Bei uns ist das nicht der Fall. Sondern bei uns kann man heute sehr deutlich sehen, dass die Kirche mit dem Staat nichts zu tun hat. Es gibt zwar Verbindungen – Stichwort Kirchensteuer –, aber Kirche gehört mit Sicherheit nicht mehr zum Staat, sondern Kirche ist ein wichtiger Teil der Zivilgesellschaft.

Was ist die Aufgabe des einzelnen Christen im Bereich der Politik? Kann er sich aus dem öffentlichen Leben zurückziehen mit der Begründung, Politik ist – ganz egal, wo – immer ein schmutziges Geschäft, das er sich dann verachtend, weil er im Besitz der Wahrheit ist, nur von ferne ansieht? Oder hat der Einzelne eine andere Aufgabe, nämlich sich einzumischen, seine Glaubensüberzeugung einzubringen, nicht nur nachzufragen, was die programmatische Zielsetzung der Parteien ist und ob sie ihr gerecht werden, sondern auch kritisch zu fragen, ob sie mit dem, was in der Bibel steht und was Teil unseres Glaubens ist, übereinstimmt? Was ist die Aufgabe der Kirche? Soll sie sich zurückziehen und sagen: Ich lasse die Welt sein, wie sie ist, sie ist eben nun mal böse, entscheidend sind die Prinzipien? Welches ist die Stellung der Kirche im Staat bei uns? Lässt unsere Verfassung den Kirchen zu all dem Raum, dass sie sich zurückzieht und nichts tut oder dass sie sich einmischt? Das sind ja zwei ganz unterschiedliche Bereiche! Wenn wir unsere Verfassung anschauen, dann kann man feststellen, dass sie den Kirchen das größtmögliche Angebot macht zu wirken, wie immer die Kirchen es für richtig halten. Das heißt, es wird niemand aus dem Bereich der Verfassung ableiten können, dass die Kirchen sich nicht in ein Schneckenhaus zurückziehen dürfen. Es wird niemand den Kirchen verwehren können, dass sie genau das Gegenteil tun – sich kräftig und in jedem Punkt einzumischen, solange sie sich nicht mit Parteien verwechseln.

Es wird auch niemand den Kirchen verwehren können, im Zuge der Arbeit, die ihnen wichtig ist – sei es Christenlehre, Jugendarbeit, Sozialarbeit oder irgendeine andere Form –, sowohl Anspruch auf Kooperation im Rahmen des Pluralismusgebots unseres Staates und unserer Verfassung als auch auf Partizipation von Geldern zu erheben. Der Staat muss unterschiedliche Glaubensgemeinschaften oder weltanschauliche Gruppen auffordern, sich an das Gesetz zu halten. Aber auf der anderen Seite haben etwa Beratungsstellen, ob von der Evangelischen Kirche, Pro Familia oder von der AWO verantwortet, einen Anspruch auf staatliche Förderung. Das kann man unter dem Begriff zusammenfassen – er stammt übrigens von Gustav Heinemann –, dass der Staat den Kirchen dieses größtmögliche größtdenkbare Angebot macht, sich zu engagieren.

Was soll Kirche tun und was kann Kirche tun? Es gibt politisch tätige Menschen in beiden christlichen Kirchen – das ist klar. Dass es ebenso Christen in sämtlichen Parteien gibt, ist heute auch kein Problem mehr. Aufseiten der Kirche gibt es heute die normalen Beziehungen auf Regierungsebene, beispielsweise die Stelle des Bevollmächtigten der protestantischen Kirche bei der Bundesregierung in Berlin. Solche Beauftragte der Kirchen bei der Bundesregierung haben die Funktion, das Interesse der Kirche bei Glaubensdingen,

Werte- und Organisationfragen nicht nur bei Gesetzen, sondern auch bei politischen Handlungen in Bezug auf die Bundesregierung und in Bezug auf den Bundestag vorzubringen. Genauso sind hier als Einwirkungsmöglichkeiten Kontake zwischen der Kirche und den Abgeordneten vorhanden, im Bund und in den Ländern, bei der Bundesregierung und den Landesregierungen.

Obwohl sehr gute Kontakte bestehen zwischen den Kirchen und den Parteien, gibt es natürlich die klassischen Konflikte zwischen Kirche und Staat. Das kann man am Beispiel der Schwangerschaftskonfliktberatung ebenso sehen wie an der Diskussion um den Erhalt des Pfingstmontags oder des Buß- und Bettags. Diese Konflikte müssen aufgearbeitet werden, wobei völlig klar ist, dass der Staat für die Gesetze zuständig ist und die Kirche als wichtiger Teil der Zivilgesellschaft ein großes Wort mitzureden hat. Das kann so ausgehen wie beim Pfingstmontag, der, nach dem Versuch, ihn abzuschaffen, geblieben ist. Aber es kann auch so ausgehen wie beim Buß- und Bettag, der kein staatlicher Feiertag mehr ist – was mich immer noch ärgert. Und es kann natürlich auch so sein, dass es zu einer so quälenden Diskussion kommt, wie wir sie im Bereich der katholischen Kirche und der Schwangerschaftskonfliktberatung erleben. Schwangerschaftsabbruch ist für die katholische Kirche immer Sünde. Aber es geht im staatlichen Bereich um die Frage, wie der Schutz des werdenden Lebens gesichert werden kann. Männer und Frauen, in Norddeutschland wohnende und süddeutsch geprägte, östliche und westliche, katholische und evangelische, Leute ohne Religion und solche, die außerordentlich bibelfest sind, wurden darum in die Diskussion mit einbezogen. Man hat sich zu dem Konsens durchgerungen, dass in Schwangerschaftskonflikten der Schutz des Lebens und die Würde der Frau besser durch Hilfe und nicht durch Strafe, nicht durch Polizei und Staatsanwaltschaft, bewerkstelligt werden kann. Eines der Kernstücke des Gesetzes ist die obligatorische Beratung, in der informiert werden muss über alles, was an Hilfen für werdende Mütter vor und nach der Geburt zur Verfügung steht, in der aber auch eine werthaltige Beratung erfolgen soll. Die letzte Entscheidung kann und muss durch die Frau selbst getragen und verantwortet werden. Das aber verneint die katholische Kirche mit der Begründung, dass diese Entscheidung nicht der Einzelne trifft und die Einzelne schon gar nicht; sondern das macht die katholische Kirche, und die Haltung des Vatikans ist da völlig klar. Es kam für sie überhaupt nicht in Betracht, einen Nachweis der Beratung als Voraussetzung für einen möglichen Schwangerschaftsabbruch zu bringen – also ein ganz klarer Bruch zu dem, was das Gesetz sagt. Das war noch nicht so deutlich zu erkennen, als es um die listige Lösung ging, zu schreiben, dass der Beratungsschein nicht als Beratungsschein gilt. Ich darf das mal ganz profan ausdrücken: Wenn man an die Außenwand einer Kirche schreiben würde *Diese Kirche ist keine Kirche*, dann wäre es trotzdem eine Kirche. So ist das mit diesem Aufdruck *Dieser Beratungsschein ist kein Beratungsschein* auch. Im Sinne des Rechts ist er trotzdem ein Beratungsschein. Als der Vatikan so deutlich seinen Widerspruch eingelegt hat, gab es keine Vermittlungsmöglichkeiten mehr. Wäre Kirche ein Teil des Staates, gäbe es sie. Da sie es aber nicht ist, ist sie selbstverständlich dem Recht und den Gesetzen unterworfen, das heißt, sie kann sich nur mit sämtlichen Konsequenzen herausziehen. Das ist natürlich trostlos für die betroffenen Frauen und auch für die Beraterinnen und ihre sehr gute Arbeit. Gleichzeitig spiegelt sich hier ein philosophischer Grundkonflikt: Was ist wichtiger, die Menschen oder die Prinzipien? Was ist die Aufgabe des Christen, die Welt zu sehen und zu verändern versuchen oder zu sagen: die Welt ist, wie sie ist und ich ziehe mich zurück?

Für mich geben auf diese Fragen zwei wichtige Persönlichkeiten Antwort, Oswald von Nell-Breuning und Dietrich Bonhoeffer. Was Oswald von Nell-Breuning gedacht hat, deckt sich mit dem, worüber Dietrich Bonhoeffer in seinen Briefen aus dem Gefängnis über die Einmischung des Christen in den Bereich des Politischen nachgedacht hat, in einer Zeit, in der es riskant war, sich einzumischen. Oswald von Nell-Breuning hat einmal gesagt, dass wir – er meinte damit seine katholische Kirche und ihre Gläubigen – über unsere Welt nicht geistreich philosophieren, sondern sie, soweit wir dies können, herzhaft anpacken, verändern, gegebenenfalls umkrempeln und vom Kopf auf die Füße stellen sollen.

Unsere Welt nimmt heute Kirchen als einen Teil der wertebildenden Institutionen wahr. Weitaus größer sind aber die Institutionen, die zwar so tun, als würden sie Werte verbreiten, aber in Wirklichkeit uns unterhalten und uns mit Informationsschrott zudecken. Das hat ungeheure Auswirkungen auf das, was wir Wertediskussion nennen und diese Situation wird in Zukunft viel prägender sein für die Rolle der Kirche, übrigens auch für die Rolle des Staates, insbesondere der Demokratie und der Zivilgesellschaft, als manchem heute bewusst ist. Ich sehe deswegen, dass Kirche und werteorientierte Politik viel mehr parallele Interessen haben, als gemeinhin angenommen wird, und kann auch aus diesem Grund Christen nur dazu ermutigen, sich in der Politik zu betätigen. Das Problem des Ladenschlusses beispielsweise hat doch nicht alleine damit zu tun, dass Verkäuferinnen abends oder am Wochenende auch einmal bei ihrer Familie sein wollen. Sondern es hat auch damit zu tun, ob unsere Gesellschaft nur noch von den Standards des Kommerzes bestimmt wird – rund um die Uhr, 7 Tage die Woche, 24 Stunden am Tag – oder ob man sagt, dass es mit Hilfe der Gesetze auf der Grundlage von Werten gelingen muss, Zeit einzuteilen und Zeit freizustellen, so dass man sich nicht individuell darum bemühen muss, Zeit mit Freunden, mit der Familie oder im Verein verbringen zu können oder mit Interessengruppen Veranstaltungen zu organisieren. Das fällt aber immer schwerer, wenn die Maßstäbe, nach denen unser Leben sich abspielt, nur noch von Kommerzinteressen gesteuert sind. Heute wird der Sonntag von den Menschen nicht mehr so sehr als religiöser Freiraum, sondern als gesellschaftlich organisierter Freiraum gesehen. Ich halte das für gut. Wir können doch nicht ein Gemeindehaus und eine Gemeindehalle nach der anderen bauen, in denen sich die Menschen einer Gemeinde treffen können, um miteinander zu reden, aber gleichzeitig zulassen, dass die gemeinschaftlich dafür vorgesehene Zeit immer knapper wird. Hier sind nicht Staat oder Kirche diejenigen, die gegeneinanderlaufen, sondern es sind Staat und werteorientierte Politik versus Marktgesellschaft. Das internationale Prinzip der Marktwirtschaft ist der Antipode! Eine Gesellschaft, die nach Marktbedingungen funktioniert, will ich nicht, politisch nicht und auch als Christin nicht.

Im Bereich der Wertediskussion werden wir es in Zukunft besonders mit dem Thema *Schutz des Lebens* zu tun bekommen. Wir alle wissen, dass die Medizin und die Wissenschaft immer weiter voranschreitet. Eine der Grenzen, die bis jetzt galten, ist heute medizinisch und biologisch gefallen oder steht im Begriff zu fallen, nämlich dass der Mensch als Subjekt betrachtet werden muss und nicht als Objekt betrachtet werden kann und schon gar nicht verändert werden darf. An solch sensationellen Dingen wie dem Klonen zeigt sich, dass heute schon viel mehr möglich ist, als man vor fünf Jahren noch dachte. Das Züchten von Menschen im Reagenzglas wird möglich und ist in weiten Teilen schon möglich. Das ist genau der Schritt, wo die Gottesebenbildlichkeit, die Individualität, die Menschenwürde angegriffen wird. Denn das Individuum Mensch ist vorgegeben, nicht planbar, nicht bestimmbar, nicht vom Fließband abrufbar – ist eben nicht ein industrielles Produkt, auch nicht ein industrielles Teilprodukt, sondern die Gottesebenbildlichkeit des Menschen fordert die Annahme jedes einzelnen Menschen vom Beginn des Lebens an bis zu seinem Ende. Auch bei diesem Thema werden weniger der Staat als vielmehr das Forscherinteresse und auch das stets in den Vordergrund gestellte Motiv, neue Heilmethoden zu entwickeln sowie die Verwertungsinteressen, die damit zusammenhängen, die Antipoden sein.

Welche Position werden die Parteien, die gewählt werden müssen, in diesen Fragen finden? Wie wird unser Staat, der die Gesetze machen muss, entscheiden und welche Mindeststandards wird er im Verbund mit anderen Staaten in Europa setzen? Ist es zulässig, aus Forschungsinteresse einen medizinisch begründeten Eingriff in einen Menschen vorzunehmen, der nicht dessen Heilung dienen soll? Auch wenn dabei damit argumentiert wird, dass vielleicht irgendwann einmal in der Zukunft jemand anderes dadurch geheilt werden könnte.

Ist so etwas zulässig ohne die Zustimmung des betroffenen Menschen? Die Biomedizinkonvention sagt, das ginge. Meiner Ansicht nach aber darf man hier weder unter dem Aspekt des Grundgesetzes noch unter dem Aspekt des christlichen Menschenbildes zustimmen. Das Klonen, die Präimplantationsdiagnostik, die Bewertung von lebenswertem Leben am Anfang des Lebens sind weitere Themen, die in der Diskussion sind. Beim Thema Sterbehilfe halte ich die christliche Patientenverfügung für eine gute Frucht der Einmischung der Kirche in die Gesellschaft und in den Staat. Diese sowohl von der katholischen Bischofskonferenz als auch von der Evangelischen Kirche in Deutschland verantwortete christliche Patientenverfügung zieht die Grenze des Lebens, des selbstbestimmten Lebens und des natürlichen Sterbens, zu dem verbotenen Eingriff, der den Menschen vom Subjekt zum Objekt macht, sehr genau. Da bin ich mit meiner Kirche ganz besonders einverstanden. Im Bereich der pränatalen Diagnose war ich es nicht, weil ich der Meinung war, dass man sich früher hätte äußern können.

Wie wird die Zukunft aussehen? Kirche und werteorientiere Politik werden die Prägung gesellschaftlichen Denkens anders als bisher nicht mehr regional alleine und nicht mehr national alleine vornehmen können. Das Schaf Dolly ist in England geklont worden und neue Erkenntnisse der Biomedizin werden in Amerika gewonnen und dann auch bei uns, in Australien oder anderswo genützt. Die Gesellschaft ist heute interdependent geworden. Das bedeutet, dass nicht nur die Zusammenarbeit der werteorientierten Politik via Staaten oder via gesellschaftliche Organisationen und Parteien vorangehen muss, sondern dass sich ein ganz neues Feld in der Ökumene und in der Zusammenarbeit von Christen weltweit untereinander, aber auch mit anderen werteorientierten Religionen, erschließen muss, wenn der Auftrag der Christen und der Kirchen sich einzumischen in den kommenden Jahren vernünftig erfüllt werden soll. Ich glaube, dass das eine außerordentlich spannende Aufgabe ist, die es im Sinne von Dietrich Bonhoeffer und im Sinne von Oswald von Nell-Breuning anzupacken gilt.

Fliege, Jürgen, geb. 1947, Fernsehpfarrer. Nach Studium der Theologie und Vikariat 15 Jahre lang Gemeindepfarrer in Düsseldorf, Essen und Aldenhoven bei Aachen; freiberufliche Tätigkeit im Auftrag der Evangelischen Kirche in Deutschland bei Fernsehen und Hörfunk; seit 1994 Moderator der erfolgreichen ARD-Talkshow *Fliege*; 1995 Gründung der *Stiftung Fliege* für Menschen in Not; 1999 Gründung eines privaten *Instituts für Seelsorge und Kommunikation* zur Fortbildung von Pfarrerinnen und Pfarrern; Autor zahlreicher Kinderbücher, Lebenshilfebücher und Sachbücher, u. a. zur gegenwärtigen Situation der Kirche (*Kirchenbeben*); lebt in München.

Jürgen Fliege

Kirche von morgen

Die Kirche ist ein Haus und soll ein Zuhause sein. Dieses Haus muss wieder Heimat der Menschen werden. Bleiben oder werden. Ein Haus, das Heimat ist, ein Haus voller Erinnerungen. Ein Haus von Vater und Mutter, von Getauften, Konfirmierten und Beerdigten, Betrauerten, von allen Menschen.

Wenn dieses Haus weiterhin in jeder Stadt und jedem Dorf das Symbol von Heimat ist, das Symbol von Wurzeln, von Herz sein soll, dann muss sich diese Kirche und wir, die wir mit in dieser Kirche sind, wir Pfarrer und Kirchenvorstände, wir müssen uns ändern. Denn die Zeit hat sich geändert.

Zum ersten Mal im Leben des Planeten Erde können die Menschen auf allen Kontinenten, besonders auf dem europäischen, wählen, ob sie fromm sein sollen und wollen, oder ob nicht. Sie können wählen, ob sie evangelisch sein wollen oder nicht, oder ob sie Richard Gere toll finden und Buddhist werden wollen, ob sie die Heiligkeit des Dalai Lamas liebhaben oder ob sie Seattle, den berühmten Indianerhäuptling mit seiner bewegenden Rede, gut finden wollen und sich drei Adlerfedern kaufen und Indianer werden. Zum ersten Mal gibt es diese Wahlmöglichkeit, die zuvor so nicht gegeben war.

Wer vor fünfzig Jahren gesagt hat, ich heirate einen Katholiken, obwohl ich evangelisch groß wurde, der hatte ein Problem – obwohl beide christlich erzogen wurden. Bis heute nennt man die Ehe von Katholiken und Protestanten *Mischehe*. Diskriminierung ging durch die Straßen. Zu Ostern und zu Weihnachten kam die Frage auf: In welche Kirche gehen wir?

Und wenn Fronleichnam war, war wieder nur die Hälfte der Familie unterwegs. Vor fünfzig Jahren war das ein großes Problem. Zum Glück löst sich das heute langsam auf und wir haben das Problem mit der Unterscheidung zwischen Katholiken und Protestanten nicht mehr. Wir haben aber zum ersten Mal eine Situation vor uns, in der wir jeden Einzelnen, der in der Kirche eine Heimat finden will und eine Heimat finden soll, neu gewinnen müssen.

Niemand, Kinder und Enkelkinder erst recht nicht, bleibt heute in der Kirche, nur weil die Eltern in der Kirche sind. Keiner geht mehr in die evangelische Kirche, nur weil die Großmutter evangelisch war. Aber so war es fünfhundert Jahre lang. Wir Kirchenleute wachen auf und sehen, dass wir auf einem Markt der Religionen angekommen sind. Das ist neu. Und wenn wir Pfarrersleute, Kirchenvorstände und wir, die wir Christen in dieser Kirche sein wollen, uns bewähren wollen, dann müssen wir etwas völlig Neues erkennen: Kein Mensch kommt hier mehr hin, weil die Großeltern schon hierher kamen. Wir müssen jeden neu gewinnen. Es kommt nur der, der mit uns, mit der Kirche, mit diesem Raum, der Atmosphäre dieses Raumes, positive Erfahrungen macht. Nur der wird in Zukunft Christ sein, der selber mit diesem Raum, mit dieser Kirche, wie mit einem Verein einverstanden ist.

Wir werden eine missionarische Kirche sein müssen: Eine missionarische Kirche, die nicht im Kongo oder in Lateinamerika missioniert, sondern hier. Eine Kirche, die nicht von Haus zu Haus geht, um zu missionieren, etwa wie die Zeugen Jehovas, sondern die überzeugt durch die Atmosphäre in unserer Kirche. Und das stellt uns Pfarrersleute plötzlich vor eine neue Aufgabe: Wie macht man das denn?

Wenn man weiß, dass in Zukunft nur der kommt, der positive Erfahrungen macht mit der Kirche, mit dem Umgang, mit den Gesängen, mit der Menschlichkeit, dann ist es wichtig zu erkennen, dass Religion, egal, welche Religion, heutzutage nicht mehr ohne Erfahrungen vermittelt werden kann.

Die meisten Menschen haben fromme Erfahrungen gemacht, sie teilen sie nur nicht mit. Es gibt Frauen, die haben ein Kind verloren, in den ersten neun Monaten oder vielleicht anschließend durch einen Motorradunfall oder eine Krankheit. Diese Frauen leben mit ihren unsichtbaren Kindern. Die Männer auch, aber noch heimlicher. Frauen leben offener mit diesen Kindern. Sie gehen zum Friedhof und sie besuchen das Kind dort. Sie haben eben unsichtbare und manche auch sichtbare Kinder. Die Frauen sagen aber nicht laut, wie sie mit diesem unsichtbaren Kind umgehen. Sie sagen nicht, dass sie sich jeden Tag mit diesem Kind treffen, verabreden, singen und sich trösten lassen. Sie erzählen davon nicht, weil sie Angst haben, dass andere darüber negativ urteilen könnten oder sie gar in die Psychiatrie einweisen lassen wollen. Sie haben irgendwie das Gefühl, sie können oder dürfen nicht laut darüber reden. Dabei machen sie eine fromme Erfahrung. Sie wissen, dass es den Himmel gibt, dass es eine andere Wirklichkeit gibt. Diese andere Wirklichkeit ist so nah bei ihnen, dass sie durchscheint, wie hinter einem Transparentpapier. Aber sie erzählen es nicht. Es gibt religiöse Erfahrungen, mystische Erfahrungen, während derer man das Gefühl hat, ein verstorbener Großvater oder ein toter Vater vielleicht begleitet einen und ist plötzlich ganz nah. Aber man redet nicht darüber.

Wir sind jahrhundertelang davon ausgegangen, dass mit Redaktionsschluss der Heiligen Schrift die Wunder Gottes aus und vorbei waren. Aber es gibt auch heute Gotteserfahrungen. Es gibt diese Erfahrungen von einer heimlichen Wirklichkeit, nur redeten wir bisher nicht darüber. Wenn aber die Kirche der Zukunft die Kirche der Erfahrungen der Menschen ist, dann bildet sich auch die Gemeinde. Wenn wir alle zulassen, dass wir über unsere Erfahrungen auch miteinander reden. Was weißt du vom Himmel? Wo ist er dir begegnet? Wo wolltest du nicht, dass er dir begegnet?

Ich gebe ein paar Beispiele für die Kirche von morgen, die die Erfahrungen der Menschen ernst nimmt. Der Zugang zur Kirche von morgen hat viel zu tun mit einem anderen Zugang zu den Verstorbenen. Wenn jemand verstorben ist, dann haben die Zurückgebliebenen Angst. Der Sohn hat Angst, wenn die Mutter oder der Vater geht. Die Eltern haben Angst, wenn die Kinder gehen. Diese Angst hat die bürgerliche Gesellschaft benutzt. Sie hat sie benutzt, um dafür zu sorgen, sich innerhalb von einer halben Stunde die Frau wegnehmen zu lassen, auch, wenn man 50 Jahre verheiratet ist. Die Frau wird einfach entsorgt. Aber es ist doch so, dass man der Partnerin, die man fünfzig Jahre lang begleitet hatte, einiges versprochen hatte. Man hatte sich doch versprochen, dem anderen zu ermöglichen, zu Hause zu sterben und man wollte doch den anderen dabei begleiten. Und dann kommt die bürgerliche Gesellschaft mit ihrer Hygiene daher und sagt: Die Mutter ist tot – also muss sie weg. Wenn wir davon wegkommen, dann kann es sein, dass man den Partner, der im Krankenhaus starb, noch einmal nach Hause holt. Auch, wenn er tot ist, im Sarg. Ich will mit ihm alleine sein. Ich will mich von ihm verabschieden. Ich will lernen, was das bedeutet, diese Nacht mit ihm zu verbringen. Ich will durch diese Angst hindurch. Ich will diese Nähe erleben, ich will meine Gefühle mit dem Toten teilen. Ich will traurig sein, ich will weinen, ich will berühren. Ich will diese Schmerzen spüren. Ich werde nicht die Tabletten vom Arzt nehmen, damit ich nichts merke. Der Seelsorger sagt den Trauernden: »Wenn Sie heute diese Tabletten nehmen, damit Sie nicht so viel trauern, dann kippen Sie nächstes Jahr um.« Und nächstes Jahr kommen sie dann zum Pfarrer und beklagen sich darüber, so viel versäumt zu haben. Sie rennen dann mit Mühlsteinen im Kopf durchs Leben: Ich hätte doch noch einmal mit dem Verstorbenen sprechen sollen, ich hätte ihn gern noch einmal berührt, noch einmal gesehen. Das passiert, wenn man zunächst keinen Mut hat, beim Trauern wirklich etwas zu spüren. Wenn ein Mensch die Reise in die andere Wirklichkeit macht, ist das für die anderen, die bleiben und weiterleben, das Nadelöhr, sozusagen zum Schnuppern an der anderen Wirklichkeit. Diese andere Wirklichkeit gibt es.

Die zweite Erfahrung, die wir in der Kirche von morgen machen müssen, ist die mit der Nacht. Religion hat etwas mit Licht und Dunkelheit zu tun. Deswegen ist Weihnachten die Kirche voll. Deswegen haben die Menschen Angst, wenn der Strom ausfällt. Unter uns: Meiner Meinung nach dient die ganze Erfindung der Elektrizität ja nur zur Säkularisierung der Menschen – gäbe es den Strom nicht, wie fromm wären dann die Leute ... Dann wüsste nämlich keiner, jetzt ist es 22 Uhr, es ist dunkel und ich spüre auf einmal meine Angst. Kaum mache ich nämlich das Licht an, sind die Geister weg. Dann sind die Ängste weg und die Dämonen auch. Religion, erfahrbare Religion hat etwas mit Licht und Dunkelheit zu tun. Die Engel kommen im Dunkeln. Das Wort, das erlösende Wort, kommt in der Dunkelheit: »Wenn Du denkst, es geht nicht mehr, kommt irgendwo ein Lichtlein her.« Not lehrt beten. Dunkelheit zeigt Licht. Also, wie ist das mit unseren eigenen Dunkelheiten? Da ist zum zweiten Mal Religiosität, Himmel und andere Wirklichkeit. Was wissen die Pfarrer über Träume? Meistens leider gar nichts. Wir Pfarrer haben uns an der Universität zu *Schriftgelehrten* machen lassen. Wir können diese Heilige Schrift Seite um Seite, Wort für Wort, Buchstabe um Buchstabe und Punkt für Punkt und Komma für Komma – und das ist nicht übertrieben – analysieren. Man hat uns aber nicht zu Menschenbegleitern gemacht und zu Meistern, die Erfahrungen der anderen Menschen liebhaben und deuten helfen.

Was ist mit den Träumen? Mit der Dunkelheit? Und was ist mit dem Licht? Die Heilige Schrift ist voll von Träumen. Obwohl wir solche Träume alle kennen, ist die Gemeinde eine Gruppe von Leuten, die sich Sonntag für Sonntag in der Kirche versammelt und die über ihre Träume nicht spricht. Die Träume sind die verborgene Sprache Gottes. Sie haben Richtschnurcharakter. Das hatten sie schon in der Heiligen Schrift und das haben sie immer noch. Wir brauchen die Träume zum Leben. Wer nicht deutet und seine Träume deutet, wie will der ein bedeutungsvolles Leben führen? Die anonymen Namen unseres Gottes heißen doch Zufall, Schicksal, Traum!

Der Kirche von morgen können wir mit den biblischen Geschichten nicht kommen und sagen: Ihr müsst daran glauben! Keines unserer Kinder wird sagen: Dann glaube ich doch jetzt einfach mal. Wir müssen unseren Kindern sagen, wie Religion geht. Wie sie funktioniert und wie sie die Probe aufs Exempel machen können. Das kann man nämlich, indem man Erfahrungen macht. Und die machen wir zusammen und besprechen sie zusammen, egal, wie alt man ist. Und dabei stoßen wir auf uralte Fragen: Wer hat sein Leben verdient? Wer ist seines Glückes Schmied? Heraus kommt doch immer dasselbe: Keiner hat sein Leben verdient.

Der Satz, der Religion gründet, heißt: Das Leben ist Gnade, das Leben ist ein Geschenk. Und wir lassen es uns hier von keiner Krise des Lebens einreden, jemand hätte Krankheit, Unglück, Arbeitslosigkeit und so weiter verdient. Das ist Religion, in einer Zeit gelebt, die nur vom Verdienstgedanken besessen ist und in der jeder dem Geld immer mehr hinterherläuft. In der Kirche versammelt sich eine Gemeinde, die sagt, das ist zwar so, aber trotzdem vergessen wir nicht: Das Leben ist ein Geschenk und erfahrbar.

Wir müssen überall im Lande nach der Kirche von morgen suchen. Welche Erfahrungen machen wir? Welche tiefen Erfahrungen? Und die Gemeinde, die sich in der Kirche versammelt hat, weiß, wir können unser Leben nicht verlängern, nur vertiefen – indem wir tiefe Erfahrungen machen. Religion hat nämlich ein Ziel, die Gemeinde hat ein Ziel: Wir wollen uns hier versammeln, damit jeder von uns an seinen Lebenserfahrungen wächst.

Deswegen müssen wir uns unsere Erfahrungen erzählen. Denn nur durch zusammengetragene, reflektierte Erfahrungen bilden wir eine Gemeinde. Die Pfarrerin, der Pfarrer und die ganze Gemeinde müssen dazu etwas anderes machen als bisher und in manchen Gemeinden geschieht das auch schon so. Ein Pfarrer, der sich für seine Gemeindemitglieder interessiert, der begrüßt sie zum Beispiel an der Kirchentür. Zwischen der Eingangstür und der Tür zur Sakristei ist eine große Distanz. Ein Pfarrer, der Nähe, Heimat und Gemeinsamkeit leben will, der steht vorne an der Tür und nimmt die erste Schwelle. Und wie macht er das? Ganz einfach, er gibt die Hand. Wenn wir uns vorne an der Türe die Hand gegeben haben, dann können wir nachher anders miteinander reden, ohne dass es groß thematisiert wird. Wenn ich jemandem die Hand gebe, bin ich ihm eine Sekunde nahe. Dann ist meine Rede von der Kanzel aus anders, als wenn ich in vollem Ornat aus der Sakristei herausgerauscht komme und die Gemeinde kommt von da hinten. Wenn wir uns die Hand geben, wird aus dem *Du* und *Ich* ein *Wir*. Der Pfarrer von morgen, der auf die fromme Erfahrung der Menschen setzt – und das wird der Grundstein der Gemeinde von morgen sein –, der steht vor jedem Gottesdienst an der Tür und gibt jedem die Hand und fragt, wie es geht. Der sagt: »Vor drei Wochen, da waren wir auf dem Friedhof!« Diese Begegnung ist Geld, ist Herz, ist Liebe und ist okay. Da muss man über manche Schwelle drüber. Wer fasst schon gern fremde Leute an? Die Gemeinde von morgen muss diese Schwelle nehmen. Die Gemeinde von gestern sieht so aus wie ein Mikado-Spiel. Es gewinnt der, der den anderen nicht berührt. Das war also eine Kirchengemeinde, wo niemand be-rührt wurde. Das ist der Tod der Kirchengemeinde gewesen oder zumindest ihre Krankheit zum Tode. Wir haben uns nicht be-rühren lassen. Vielleicht vom Wort, vielleicht vom Gesang, nicht aber vom Menschen. Wir waren immer in kleinen unsichtbaren Zellen versammelt. Wir waren nicht *Vater unser*, sondern *Vater meiner*, der du bist im Himmel. Also, was soll ich mit dem anderen, ich bin schon okay und ich komme mit meinem lieben Gott alleine klar. – Der Pfarrer von morgen steht da und gibt die Hand am Anfang und am Ende.

Der Pfarrer von morgen liest auch nicht mehr seine Predigt ab. Das kann man nicht von heute auf morgen, aber man kann es lernen. Das Handwerk des Pfarrers heißt: Er weiß, was er sagen will. Er braucht das Papier nicht. Er braucht dafür Jahre. Auch, um seine Schriftgelehrtenausbildung erst mal wieder zu vergessen. Die nützt ihm nämlich nichts dafür. Der Pfarrer von morgen ist frei und er tritt schutzlos vor die Gemeinde. Das bedeutet nicht, dass der Pfarrer ohne Talar dastehen soll, in der Kirche, er soll nur überlegt haben, was er der Gemeinde sagen will, vielleicht angestiftet von der Heiligen Schrift oder von den Erfahrungen der letzten Woche. Er soll der Gemeinde zu essen geben für die Seele. Religion will eine ekstatische Erfahrung machen. Ekstase heißt: Der Mensch hat dann ein frommes Gefühl, wenn er außer sich ist und gleichzeitig mit dem ganzen Kosmos zusammen. Das ist ein heiliger Moment! Ein Moment, in dem man mit der ganzen Welt verfließt: Das Ego, das Ich ist weg, es stört nicht länger. Das bedeutet, was der fromme Mensch erreichen will, ist, das Gefängnis des Ego, des Ich, und alle anderen ab und zu aufzulösen. Das geht im normalen Alltag natürlich nicht. Die Sehnsucht besteht bei allen Menschen: Ab und zu hätte ich gerne etwas Ekstatisches erlebt. Wenn das normale Leben Arbeit ist, ist das Ekstatische ein Fest. Ein Fest hat immer etwas Ekstatisches. Denn, wenn wir miteinander singen, dann wachsen wir ein Stück zusammen. Wenn wir miteinander schweigen, führt es uns zusammen. Diese Grenze zwischen uns ist weniger geworden. Der Mensch will die Auflösung seines Egos, weil er weiß, es geschieht am Ende seines Lebens sowieso: Wir werden alle eins. Das will ich in meinem Leben auch schon ab und zu erlebt haben. Sonntag ist Ekstase-Tag. Sonntag ist Feiertag. Der Feiertag ist so wichtig, dass er in der jüdischen Tradition das absolute Gebot war. Von Zeit zu Zeit ist Ekstase dran, ist etwas anderes dran als Alltag, etwas, was die Grenzen zwischen uns wegnimmt. Dann sind wir alle gleich. Wir sind alle eins.

Also: In der Kirche von morgen liest der Pfarrer nicht mehr die Predigt ab und ist damit auch kein Schriftgelehrter mehr. Wenn der Pfarrer gestern einen Text geschrieben hat, dann merkt die Gemeinde das. Der Text ist eben von gestern. Ein Pfarrer, der frei predigt, hat nur eine einzige kostbare Ware mitgebracht. Sein Herz, seine Erinnerungen. Alle Leute, die sonntags in die Kirche kommen, bringen ihr Herz und ihre Erinnerungen mit. Und deshalb kann das, was der Pfarrer wirklich sagen will, nur aus demselben Behältnis kommen, damit es auch angenommen werden kann. Nur, was aus seinem Herz kommt, wird angenommen.

Wenn man eine Gemeinde von morgen bildet, muss man sonntags gemeinsam Erfahrungen machen, indem ich als Pfarrer die Gemeindemitglieder dazu ermuntere, über ihre eigenen Erfahrungen zu sprechen. Das geht in einem herkömmlichen Gottesdienst gar nicht.

Die Kirchengemeinde von morgen ist echt. Sie liebt! Sie macht kein Theater. Und der Pfarrer unterstützt sie dabei, indem die Gemeinde beteiligt ist und die Lieder aussucht und sich an den Abkündigungen beteiligt. Der eine sagt: »Der Liederverein tagt am Dienstag« und dem Nächsten fällt auch noch etwas ein. Und dann hat man die Gemeinde bei etwas beteiligt, wo jeder reden kann, wie er will und worauf er Lust hat. Erst dann kann man es wagen, sich über Fürbitten noch mehr an die Sorgen und Nöte und Erfahrungen der Menschen heranzutasten. Dann kann es sein, dass man bei den Fürbitten sagt: »So, jetzt versammeln wir unsere spirituellen Kräfte, denn wir brauchen sie jetzt für einen von uns. Da gibt's einen Trauerfall, einen Krankheitsfall und einen Sorgenfall.« Und ein Mensch steht auf und sagt: »Ich möchte eine Kerze anzünden, weil ...« Das schweißt eine Gemeinde zusammen. Hilferufe schweißen zusammen. Sie sind wie ein Elixier, ein Lebensmittel für eine Gemeinde. Wo ein Hilferuf kommt, hat ein Mensch so viel Herzenspotential, dass er sich umdreht: Was ist denn da los? Muss ich helfen? War das ein Kind, das schreit? Fürbitten, Hilferufe interessieren alle. Man darf das nicht diskriminieren als Neugierde. Wir brauchen die Hilferufe der Kinder, der Alten, der Einzelnen, um zusammenzufinden. Es ist nicht hinderlich, sondern zusammenführend, wenn einer von uns leidet.

In der Kirche müssen wir eine Sprache sprechen, die das Volk wirklich spricht, die man versteht. Und nicht gelehrt. Ein Pfarrer steht am Beginn der Zeremonie der Ekstase vorne an der Eingangstür und verabschiedet die Gemeinde am Ende. Er sorgt dafür, dass die Leute in seinem Gottesdienst Erfahrungen machen. Und das Beste, wie er das machen kann, ist, ein Fest daraus zu machen. Wenn man eine Kirchengemeinde zusammenschweißen will, muss man die ekstatischen Momente suchen. Mir fällt da Weihnachten ein. Weihnachten wird gefälligst bis ins Jahr 3000 hinein *Stille Nacht* gesungen, auch, wenn es den gelehrten Pfarrern nicht passt. Aber *Stille Nacht* geht so tief, es ist so voller Heimat und Erinnerung, dass wir es singen müssen. Genauso singen wir Ostern dann auch: *Christ ist erstanden*. Diese Essentials sind wichtig. Das ist Nahrung für die Seele.

Die Kirchengemeinde von morgen baut auf die Erfahrungen, die die Menschen im Traum der Nacht, der Traurigkeit, beim Kindergebären, in der Not, durch Zufälle und in Schicksalsschlägen machen und die sie anzunehmen lernen. Das Ziel des Menschenlebens besteht darin, wachsend auf dem Wege immer dankbarer zu werden. Wir kommen ganz gierig zur Welt: Jeder will Milch! Und manche bekommen nicht genug davon und wollen die Milch auch noch mit 20 und 40 Jahren. Aber das Ziel ist für alle gleich: Die Gier zu überwinden und dankbar zu werden. Auf dem Weg durch unser Menschenleben hindurch helfen wir uns gegenseitig, dieses Ziel nicht aus dem Blick zu verlieren. Denn die Dankbarkeit im Alter ist die Korrespondenz, die Entsprechung dazu, dass ich gesagt habe, das Leben ist ein Geschenk. Wenn es ein Geschenk ist, ist es die einzige Antwort darauf, mit 70, mit 80, so Gott will, auch *Danke* sagen zu können für jeden Tag und jede Nacht, auch für die schweren Stunden. Das ist unser Weg, das ist das Produkt, das die Kirche anzubieten hat. Deswegen brauchen wir die Erfahrungen, die jeder von uns macht, um einander beizustehen.

Die Kirchengemeinde von morgen wird die Kirchengemeinde des Heiligen Geistes sein. Geistesgegenwart, Wachsein, Solidarität mit drei Berufsbezeichnungen – der Heilige Geist heißt nämlich Paraklet (der Tröster): der Anwalt, der Fürsprecher, der Beistand. Und diese Bezeichnungen werden den Geist einer Kirchengemeinde von morgen ausmachen. Sie werden sich trösten, denn Religion ist immer Trost, Religion verändert nicht die Welt. Religion steht bei, Religion tröstet, damit der Einzelne der Kirchengemeinde bei Trost bleibt und nicht verrückt wird in diesem Leben. Sie stehen einander bei und sie sprechen füreinander.

Aber dann müssen sie erst einmal reden können. Derjenige, der anfängt, anders zu reden, der wird dafür bezahlt, das ist der Pfarrer. Er redet mit anderen und die anderen trauen sich endlich mal, auch wieder ihre eigene Sprache zu finden. Und die Gemeinde sagt dann: »Heute singen wir …, oder heute will ich beten für meine Mutter, für mein Kind, für den Kosovo …« Religion von morgen, die auf Erfahrung setzt, sagt nämlich: Wir kommen zu diesem Gefühl der Dankbarkeit durch Nähe. Also *produzieren* wir in der Kirchengemeinde sozusagen Nähe.

Die Kirche von morgen interessiert sich für Gefühle. Die Kirche von gestern hatte Angst vor Gefühlen, denn Gefühle sind immer revolutionär. Gefühle stoßen immer alles an und alles um. Die Kirchengemeinde von morgen lehrt nicht so sehr, sondern sie begleitet. Und wenn man darin einige Erfahrungen gemacht hat, dann kann ein Pfarrer oder eine Pfarrerin erst kommen und sagen: »Passt auf, ich lehre euch etwas!« Gar nicht so sehr aus der Haltung heraus: »Das kann ich auch.« Sondern: »Ich lehre euch etwas, was ich vom Leben weiß.« Das Tiefste, was ich weiß, ist: Das Leben ist ein Geschenk.

(© Edition K. Haller, Künacht, Schweiz)

Gaillot, Jacques, geb. 1935, katholischer Bischof. Nach Studium der katholischen Theologie und Priesterseminar Arbeit in der Gemeinde, in Ausbildungsstätten und als Generalvikar in der Diözese von Langres; setzte sich nach seiner Bischofswahl 1982 für Obdachlose, illegale Einwanderer, Homosexuelle und Flüchtlinge ein; 1995 wurde er von Papst Johannes Paul II. von seinem Amt als Bischof der nordfranzösischen Diözese Evreux entbunden; stattdessen wurde ihm das Titularbistum Partenia zugeteilt, eine seit dem fünften Jahrhundert nicht mehr existierende Diözese im Norden Afrikas; daraufhin eröffnete er eine virtuelle Diözese im Internet unter der Adresse *www.partenia.org* und erlangte als Internet-Bischof große Popularität. Zahlreiche Veröffentlichungen, darunter *Sonnenaufgang in der Wüste*; lebt in Paris.

Jacques Gaillot

Kirche in der Wüste?

Als Bischof von Partenia habe ich Erfahrung, über die Wüste zu reden, da Partenia sich in der Wüste im Süden Algeriens befindet. Die Diözese, die im 5. Jahrhundert n. Chr. verschwand, ist eine Diözese unter dem Sand. So ist es für mich interessant geworden, was Wüstenerfahrung heute bedeuten kann. In die Wüste zu gehen, ist eine menschliche und spirituelle Erfahrung. Ob gläubig oder nicht – viele Frauen und Männer erleben in ihrem Leben das, was man eine Wüstendurchquerung nennt. Wenn man vom Durchqueren der Wüste redet, meint man implizit, dass man in der Wüste nicht bleiben soll, denn wer dort bleibt, stirbt. Die Wüste ist also weniger ein Ort als vielmehr ein innerer Weg – ein innerer Weg, auf dem man mit sich selbst konfrontiert wird. Die Erfahrung der Wüste bedeutet, dass man sich selbst finden kann und nicht vor sich selbst zu flüchten braucht. Viele Menschen haben diese Erfahrung schon gemacht: sich plötzlich einsam und hilflos zu fühlen. Diese Einsamkeit und Hilflosigkeit kann dazu führen, dass man für sich die Wahrheit seiner Existenz, seines Daseins findet.

Die Bibel erzählt, dass die Wüste vor allem eine Zeit der Prüfungen ist. In der Wüste geht jeder gewöhnliche Halt verloren. Man verliert die Arbeit, die Gesundheit, einen geliebten Menschen. Man verliert die Freunde und auch die soziale Stellung. Man fühlt sich etwa wie Hiob, der von jetzt auf gleich nichts mehr hatte.

Ich denke zum Beispiel an eine fünfzigjährige Sozialarbeiterin, die sich lange für die Menschenrechte engagiert hat. Sie ist eine Frau, die auch wütend und rebellisch sein kann, eine Kämpferin, die keine Angst hat, nach vorne zu gehen. Diese Frau lebt seit fünfzehn Jahren mit einem Mann zusammen und plötzlich verliebt sich ihr Lebensgefährte in eine andere Frau. Ihr ganzes Leben bricht zusammen. Sie geht zu ihrer Schwester, wohnt bei ihr, nimmt zehn Kilo ab, verliert allen Lebensmut. Sie sagte zu mir, sie könne nicht mehr leben, da sie nicht mehr lieben könne, und denke an Selbstmord. Sie sagte zu mir, dass sie zwar nicht gläubig sei, wünschte aber, dass ich bei ihr sei. Das ist ein Beispiel für eine Wüstendurchquerung: das gewohnte Leben bricht auf einmal zusammen, alles wird unsicher, man kann nicht mehr aufrecht stehen.

Ich erinnere mich selbst auch an eine solche Wüstendurchquerung, damals als Rom – für mich ganz unerwartet – mich bat, meine Diözese in Evreux zu verlassen. Ich habe mich damals gefragt, was ich jetzt machen sollte, wo ich jetzt wohnen sollte, wo ich jetzt hin sollte. In einer solchen Situation weiß man zwar, was man hinter sich lässt, aber man weiß nicht, wohin man geht. Ich habe gehofft, dass Gott mir ein Zeichen geben würde, damit ich wüsste, wohin ich gehen sollte. Dieses Zeichen ist relativ schnell gekommen – zu den Armen nach Paris. Es gab dort zu dieser Zeit gerade sehr umfangreiche Hausbesetzungen. Die Familien, die dort Häuser besetzten, schlugen mir vor, zusammen mit ihnen und vielen anderen in ein besetztes Haus zu ziehen. Ich hatte zuvor nie daran gedacht, nach Paris zu ziehen und hatte mir schon gar nicht vorstellen können, ein Haus zu besetzen. Ich habe mir gesagt, dass das ein Zeichen von Gott sei und bin in dieses Haus eingezogen. Kaum war ich dort angekommen, traten auch schon die Mitarbeiter der Aktion *Sans*

Papiers an mich heran und sagten, dass es gut wäre, wenn ich mich auch bei ihnen engagieren würde. Ich sah dies als ein zweites Zeichen Gottes für mich an – ich konnte nicht ablehnen. Man verlässt ein bekanntes Gebiet, um sich in ein anderes Abenteuer zu stürzen, sich auf ein anderes Ufer zuzubewegen. Ähnlich wie das hebräische Volk, das Ägypten verlassen hatte und sich in Richtung Gelobtes Land bewegte. Es gibt natürlich die Versuchung zurückzugehen. Die Israeliten haben zeitweise auch gedacht, dass es in Ägypten besser gewesen ist als später in der Wüste. In einer solchen Situation kommen einem viele Gedanken: Gott hat mir nicht geholfen, sonst wäre ich nicht in diese Situation gekommen. Man kann auch versuchen, sich selbst zu befreien, ohne die Hilfe Gottes. Man kann versuchen, aus dieser Situation herauszukommen, indem man sich mit anderen Göttern, mit Geld oder mit mächtigen Leuten, verbündet.

Im Aufspüren der Wüstenerfahrung ist mir die Kirche in Algerien nahe. Ich habe mich immer mit der Kirche von Algerien verbunden gefühlt. Denn die Kirche von Algerien hat auch eine Wüstendurchquerung hinter sich. Nachdem die Franzosen Algerien verlassen hatten, ist die Kirche, die mit den Franzosen verbündet war, auf einmal sehr einsam gewesen. Sie hat alles verloren: die Schulen, die Krankenhäuser, schließlich auch die Kirchengebäude, die in Moscheen umgewandelt wurden. Alles, was die algerische Kirche einst besessen hatte, war auf einmal weg. So musste sie weiterleben ohne die Strukturen, die sie früher gehabt hatte. Die algerische Kirche ist heute eine kleine Kirche, die inmitten der moslemischen Welt lebt und ganz für das algerische Volk da ist. Sie ist eine Kirche voller Hoffnung, weil sie als Institution keinen Halt mehr hat wie früher, sondern mit der Hilfe Gottes ausschließlich da sein kann für das Volk.

Die Wüstenzeit ist eine Zeit, in der alles wegbricht, aber es ist auch eine Zeit, in der Gott zu unseren Herzen spricht. Die Zeit der Prüfung ist die Zeit des Wiederfindens Gottes. Wenn Gott uns in die Wüste führt, bedeutet dies neues Leben oder Neubeginn. Gott wird uns sicherlich rufen. Die Wüste ist eine gute Zeit, um zu hören, was Gott uns sagt. Man ist weit weg von der Welt. Man ist weit weg von allem im Leben. Gott spricht mit unseren Herzen. In der Wüste beginnt man wieder, das Wichtigste kennen zu lernen. Oft wird einem die Frage gestellt: Was machst du im Leben? Das Wichtigste wäre aber sich zu fragen: Was mache ich aus meinem Leben? Oft möchte man erfolgreich sein und eine gute Existenz im Leben haben. Aber das Wichtigste ist: das eigene Leben. Ich glaube, dass uns die Erfahrung in der Wüste diese Dimension der Tiefe vermittelt. Eine Kirche, die sich an die Wüste anlehnt, betont, dass die Wüste eine Dimension des geistlichen Lebens ist und deshalb zum christlichen Leben dazugehört. Die Wüste ist die Erinnerung für die Kirche, sich nicht auf die Verbindung zur Macht, zu den Mächtigen oder zum Geld zu stützen, sondern auf Gott.

Drittens ist die Wüste die Zeit, in der man eine Wahl trifft und wichtige Entscheidungen für das eigene Leben fällt. Man erkennt, dass niemand, nur man selbst für sich entscheiden kann. Es gibt einen Weg, der nur zu uns gehört und den wir gehen sollten. Als Jesus die Erfahrung der Wüste gemacht hat, wurde er mit der wichtigsten Entscheidung seines Lebens konfrontiert. Jesus weiß, wenn er sich für die Armen entscheidet, sich für sie und für die Verlorenen einsetzt, wenn er sich nicht für Prestige oder Macht entscheidet, wenn er keine Titel oder Ehre sucht, sondern dienen möchte, wenn er wirklich sein Volk befreien will, dann werden die Kräfte des Bösen sich gegen ihn richten. Als er aus der Wüste herauskommt, weiß er, dass er diesen Kampf aufnehmen und durch die Kraft Gottes bis zum Ende führen wird. So ist es auch für uns wichtig zu sehen, welche Entscheidungen wir auf unserem Weg treffen und auch welche Kämpfe wir führen und welche Risiken wir eingehen.

Es gibt Frauen und Männer, die ich dafür bewundere, wie sie in diesem Sinne ihr Leben führen, die heute als den Ursprung und die Quelle ihres Glaubens und Handelns das Evangelium wieder gefunden haben. Es sind Christen, die versuchen, ihre Entscheidungen im Lichte des Evangeliums zu treffen. In unserer harten und leistungsbezogenen Gesellschaft, in der meistens doch die Stärkeren die Gewinner sind, gibt es auch Christen, die diesem Prinzip andere Lebensentwürfe entgegensetzen und sich nach dem Evangelium ausrichten.

Meiner Meinung nach machen die Kirchen allgemein und die katholische Kirche im Besonderen derzeit die Erfahrung einer Geburt. Wer von Geburt spricht, meint gleichzeitig Schmerz und Freude. Ich habe das Gefühl, dass wir erst am Anfang einer christlichen Ära sind. Zweitausend Jahre Christentum ist doch nicht so viel! Wir sind am Anfang einer christlichen Ära, weil wir in eine neue Welt hineingenommen sind. Wir müssen Christen des Morgens und des Anfangs sein. Wir müssen Christen des Ostermorgens sein, die aus der Nacht hervorkommen. Wir erleben heute eine fruchtbare Zeit der Kirche, eine Zeit, in der das Volk Gottes reifer wird, eine Zeit, in der die Christen persönlich mehr Verantwortung tragen, eine Zeit, in der sich die Christen kritischer äußern als früher. Die Kirche braucht vor allem diese Christen. Als ich vor dem Zweiten Vatikanischen Konzil zum Priester geweiht wurde, habe ich diese Reife der Kirche noch nicht gespürt. Ich ziehe die heutige Kirche vor, in der viele Christen überzeugt davon sind, dass sie selbst Kirche sind. Das sind Christen, die ihre Aufmerksamkeit mehr auf das richten, was entsteht, als auf das, was verschwindet und die sich auch von der Weltgeschichte betroffen fühlen. Ich sehe überall Christen, die im Glauben und Handeln erwachsen werden. Ich denke, dass das Evangelium mit diesen Christen eine Zukunft hat.

Gohde, Jürgen, geb. 1948, Präsident des Diakonischen Werkes. Nach Gemeindepfarramt und verschiedenen Leitungsämtern im Bereich von Kirche und Diakonie seit 1994 Präsident des Diakonischen Werkes der Evangelischen Kirche in Deutschland (EKD), einer der größten Arbeitgeber in der Bundesrepublik Deutschland; in dieser Funktion u. a. Mitglied im Verband der Bundesarbeitsgemeinschaft der Freien Wohlfahrtspflege, des Deutschen Vereins für öffentliche und private Fürsorge sowie derzeit Vizepräsident der Deutschen Krankenhausgesellschaft. Zahlreiche Aufsatz- und Buchveröffentlichungen; lebt in Stuttgart und Berlin.

Jürgen Gohde

Diaconia semper reformanda

Das Jahr 2000 hat für viele Menschen fast eine religiöse Qualität. Man fragt nach Orientierung, man beschwört die Notwendigkeit des Wandels und der Modernisierung. Für manche stellt sich, wenn es um den sozialen Bereich geht, die Frage, wie denn die sozialen Sicherungssysteme in Deutschland im Jahr 2000 und in den Jahren danach überleben und wie sie gestaltet werden müssen. Manche treibt die Frage nach der erforderlichen geistigen Neuorientierung um.

Vor hundert Jahren, im Jahr 1899, hat die Schwedin Ellen Key ein Buch mit dem Titel *Das Jahrhundert des Kindes* geschrieben. Sie hat gemeint, dass das Jahrhundert, das wir gegenwärtig erleben, das Jahrhundert des Kindes wird. In hellen leuchtenden Farben hat sie davon geredet. Wenn wir ehrlich sind und dieses Jahrhundert im Rückblick betrachten, kann man eigentlich nur eins sagen: Das Jahrhundert des Kindes ist es nicht geworden. Es ist eher das Jahrhundert der Flüchtlinge geworden, es ist das Jahrhundert geworden von unendlich vielen Menschenrechtsverletzungen und sehr vielen Katastrophen. Wenn man jetzt herginge und sagen würde: Was wird denn nun eigentlich das neue Jahrhundert? Dann müsste man auf jeden Fall sagen: Das neue Jahrhundert wird das Jahrhundert der Alten. Noch viel stärker als wir uns das bisher vorstellen können. Der Altersquotient wird sich in ganz kurzer Zeit verdoppeln und bis zum Jahr 2040 werden Menschen, die arbeiten, zwei Menschen, die im Ruhestand sind, ernähren müssen. Wir gehen auf eine Zeit zu, die ganz anders ist.

Anfang dieses Jahrhunderts hat der Berliner Bischof Otto Dibelius gesagt: Das wird das Jahrhundert der Kirche. Ob wir das am Ende dieses Jahrhundert so sagen könnten? Ich glaube, wir würden ein Fragezeichen setzen. Ob es das Jahrhundert der Diakonie geworden ist, weiß ich auch nicht. Es lohnt sich also, der Frage nachzugehen, was uns erwartet, und danach zu fragen, was die Gesellschaft in Zeiten der Globalisierung, in Zeiten der Ökonomisierung des Sozialen und des Wandels der Arbeitswelt zu einer Dienstleistungsgesellschaft zusammenhält. Es ist ein komplettes Dilemma zu konstatieren: Auf der einen Seite gibt es den Wunsch und die Notwendigkeit des Einzelnen, für sich selbst Sinn und Orientierung zu finden. Je komplexer und unübersichtlicher unser Leben wird, umso sehnsüchtiger tritt das Verlangen nach Vertrauen auf. Auf der anderen Seite gibt es die Notwendigkeit für alle modernen Gesellschaften, Ansatzpunkte für Orientierungen mitzugestalten und den Zusammenhalt der Gesellschaft zu sichern. Es geht dabei nicht allein um die Proklamation von Freiheit und Gerechtigkeit oder von Freiheit und Bindung, von Aktion und Kontemplation. Es geht auch nicht um die öffentliche Inszenierung von irgendwelchen Schauspielen mit diesen Titeln. Sondern es geht um die Gestaltung von Räumen, in denen Wertvorstellungen und Gerechtigkeitsvorstellungen und auch Überzeugungen in Zusammenhängen, in denen Menschen miteinander leben, erzeugt werden können. Es braucht Verwurzelung in Lebensformen, in denen das nahezu alltäglich geschieht. Es ist hochbedeutsam, dass der Tendenz der Privatisierung von Religion nicht einfach nachgegeben wird, sondern dass wir wahrnehmen können: die moderne Diakonie reagiert mit diesen Lebensformen auf eine Gesellschaft, die sich mit solchen Problemen auseinander setzt.

Das erste Beispiel: Das Jahr 1848 markiert einen Wendepunkt. Deutschland verändert sich von einer Agrargesellschaft in eine Industriegesellschaft. In dieser Situation reagiert die Innere Mission auf die Armut in den Arbeiterfamilien. Sie reagiert mit dem Interesse, dass die Kirche sich reformiert. Die Diakonie ist Teil einer Bewegung der Kirchenreform. Wichern hat damals gesagt, »die Kirche erkläre, die Liebe gehört mir wie der Glaube.« Und: »Wenn die Menschen nicht zu uns kommen, dann müssen wir zu den Menschen gehen.« Was das bedeutete in Berlin, kann man sich an ganz wenigen Zahlen deutlich machen. Kirchengemeinden in Berlin waren riesig: 70 000, 80 000 Menschen gehörten zu einer Kirchengemeinde. Es gab Konfirmandenjahrgänge, die mehrere tausend Kinder umfassten. Das bedeutet, dass man sich so etwas wie Gemeindearbeit unter heutigen Bedingungen in dieser Stadt überhaupt nicht vorstellen konnte. Was Wichern damals anfing, war also von Anfang an einen Impuls zu setzen, der auf die Armutslage von Menschen reagiert, ohne zugleich gesellschaftsdiakonisch zu wirken. Die Innere Mission damals kommt aus einer spezifischen Tradition der Frömmigkeit und sie geht Machtbündnisse ein. Sie versucht, die Ordnung zu stabilisieren in Preußen, sie führt nicht den Dialog mit der Arbeiterbewegung damals. Die Wichern'sche Stegreifrede in Wittenberg erscheint im gleichen Jahr wie das Kommunistische Manifest. Den Dialog darüber hat man nicht geführt. Was wir aber brauchen, wenn sich eine Gesellschaft ändert – das kann man in dieser Situation das erste Mal sehen –, ist eine dialogfähige, eine zeugnisfähige Kirche, die ist gefragt. Denn die Entfremdung der Menschen von der Kirche in der damaligen Situation war das zentrale Thema.

Das zweite Beispiel: Die größte Ausdehnung des diakonischen Handelns auf der Ebene der Gemeinden hat es nach dem Zweiten Weltkrieg gegeben. Der Aufbau dieser diakonischen Arbeit hat damals zur Glaubwürdigkeit der Kirche beigetragen. Das kann man sich heute kaum noch vorstellen. Die Kirche war arm. Trotzdem war dieses fürsorgliche Handeln aus den Gemeinden heraus im Evangelischen Hilfswerk präsent. Eine so starke Gemeindediakonie hat es nie wieder gegeben. Als dann das Wirtschaftswunder kam und die Aufgabenvielfalt der Kirche sich in ganz viele andere Bereiche erstreckte, trat eine Verschiebung ein. In dieser Verschiebung wurde sehr viel diakonische Kompetenz aus den Gemeinden in spezielle Dienste hinein verschoben. Warum war das überhaupt möglich? Es war deshalb möglich, weil es ein ganz spezifisches Defizit gab: Die anwaltliche Orientierung, Stimme für die Menschen in Not zu sein, war nicht ausreichend genug ausgeprägt. Das fürsorgliche Handeln hat überwogen. Die Folge dieser Entwicklung ist eine Tendenz der Professionalisierung in der Sozialarbeit gewesen, die die Aufgaben verschoben hat.

Eine dritte Phase großen diakonischen Wachstums hat es nach der Wende in Deutschland im Osten gegeben. Wir können das gut beschreiben, weil wir diesen Prozess genau untersucht haben. Wir haben gemeinsam mit dem Deutschen Caritasverband eine Lebenslagenuntersuchung in Ostdeutschland durchgeführt und einmal danach gefragt: Was ist eigentlich gewachsen in dieser Zeit? Die Zahl der Mitarbeiter auf jeden Fall. Die Diakonie im Osten Deutschlands beispielsweise – die Diakonie war der größte Verband der freien Wohlfahrtspflege, ganz nahe bei der Kirche – umfasste 15 000 Mitarbeiter. Fünf Jahre später waren es 55 000 Menschen.

Ich betrachte jetzt nur einmal die Beratungsstellen. Diese Beratungsstellen erreichen viele Menschen, die sonst wenig Kontakt mit der Kirche haben. Es arbeiten in diesen Beratungsstellen viele, die früher nicht in der Kirche gearbeitet haben. Und nun passiert das Erstaunliche: Diejenigen, die in den Beratunggsstellen arbeiten, identifizieren sich hochgradig mit der Kirche. Und die Menschen, die in die Beratungsstellen kommen, sehen deren Mitarbeiter als Kirche an. Aber: Nur 1 Prozent der Menschen, die in die Beratungsstellen gehen, werden aus den Gemeinden von den Pfarrerinnen und Pfarrern, den Kirchenvorständen und anderen in die Beratungsstellen empfohlen. Die Arbeit und die Beurteilung dieser Arbeit zeigt aber, dass sie hochgradig als Kirche angesehen werden. Das ist gut, weil dadurch nämlich sich für viele Menschen die Tür zur Kirche wieder öffnet und die Erfahrungen, abgekoppelt zu sein oder nicht mitreden zu können, ausgeschlossen zu sein, gerade hier nicht auftreten. Es ist also gerade durch die Arbeit der Beratungsstellen die Ausgrenzung, das Nichtberücksichtigen der Lebenserfahrungen der Menschen im Osten im diakonischen Bereich nicht wahrzunehmen. Ich halte das für eine wichtige Beobachtung.

Und ein vierter Aspekt, den ich noch ansprechen möchte: In den 150 Jahren und darüber hinaus hat die Diakonie gezeigt, dass sie im europäischen Kontext nicht nur präsent, sondern auch sehr kompetent ist. Die ersten europäischen Zusammenschlüsse der Kirche sind diakonische Zusammenschlüsse. Ich denke an die Kaiserswerther Generalkonferenz der Diakonissenhäuser, an den Internationalen Verband theologischer Mitarbeiter usw. Die große Kirchenkonferenz *Life and Work* (1925) hat sich mit der Frage von Barmherzigkeit und Gerechtigkeit beschäftigt, mit dem Verhältnis der persönlichen und der gesellschaftlichen Diakonie. Und das, was wir heute so breit diskutieren, nämlich die Problematik der Vermarktung der sozialen Arbeit, ist bereits 1986 angesprochen worden: die Problematik des lokalen und des weltweiten Handelns und die Frage der prophetischen Diakonie. Man versteht darunter die Diakonie, die den Mund auftut für die Schwachen, die sich stark macht für Menschen, die keine Stimme haben. Ich will drittens an die Konferenz in Bratislava erinnern, wo die Konferenz Europäischer Kirchen festgestellt hat, dass es zum Leben der Gemeinde und zum Leben des einzelnen Christen gehört, dass es Diakonie geben muss. In Bratislava hat man gesagt: Diakonie muss man mit den Menschen tun und nicht für sie. Und man hat gesagt: Man braucht eine Plattform für diakonische Initiativen, für Netzwerke, für Institutionen usw.

Was ist die Diakonie – ist sie das Salz der Erde? Ist sie eine Reparaturwerkstatt? Ist sie ein Dienstleistungsunternehmen? Oder was ist sie eigentlich? Die Kundgebung der EKD-Synode vom letzten Jahr hat in einem Satz eigentlich das Wichtigste zusammengefasst: »Die Diakonie hat Teil am Auftrag der Kirche, die Botschaft von der Liebe und der Gerechtigkeit Gottes auszurichten und zum Glauben an Jesus Christus einzuladen.« Wenn die Kirche so etwas Wichtiges sagt, dann tut sie das meistens in Kundgebungen der Synode, und damit drückt sie Wertschätzung und Dank aus. Man müsste eigentlich noch ein bisschen mehr hinzufügen, und das steht sehr schön in den Leitlinien zum Diakonat schon aus dem Jahre 1975: »Die Diakonie ist Präsenz der Liebe Gottes im gemeindlichen Umfeld.« Botschaft ausrichten – zum Glauben einladen – und die zweite Formulierung: Präsenz. Also nicht nur Anteil haben an der Gestaltung der sozialen Frage und an der gesellschaftlichen Entwicklung, sondern Anteil haben an der Lebensäußerung der Kirche. Eine Gemeinde kann ohne Diakonie eigentlich nicht richtig Gemeinde sein – das sagt diese Bestimmung. Alles christliche evangelische Handeln geschieht ganz selbstverständlich in Verantwortung gegenüber dem Wort Gottes. Deswegen heißt es in dem Leitbild des Diakonischen Werks in der ersten These: »Wir orientieren unser Handeln an der Bibel.« Dann wird das ausgelegt in den Sätzen, die unsern Glauben prägen, mit Bezug zum Sterben und zur Auferstehung Jesu.

Anhand von vier bekannten diakonischen Grundgeschichten will ich die Probe aufs Exempel machen.

Erster Punkt, Apostelgeschichte 6: Es ist Streit in der Gemeinde! Da werden Witwen übersehen, kriegen nicht genug zu essen. Das fällt Leuten auf und es werden Almosenpfleger eingesetzt. Es kommt zu einer – wie wir heute sagen – funktionalen Differenzierung der Aufgaben. Biblisch interessant ist, dass genau an der Stelle, wo im Alten Testament vom Richteramt gesprochen wird, das für Frieden sorgen soll in der Gemeinde, nun das diakonische Amt als ein Amt der Versöhnung entsteht. Diakonie ist dazu da, dass eine Gemeinde nicht auseinanderfällt, dass die Starken und die Schwachen, die Armen und die Reichen es miteinander aushalten und dass die Predigt glaubwürdig bleibt.

Zweiter Punkt, Apostelgeschichte 3: Die Heilung vom Lahmen, von dem Menschen, der da vor der Kirchentür bettelt. Man kann sie wieder sehen unter uns, diese Menschen. Es gibt auch heute wieder welche, die ihnen was ins Körbchen tun, und es gibt auch heute wieder welche, die an ihnen vorbeigucken. Die Wahrnehmung der Lebenslage ist auch in den christlichen Gemeinden nicht jedermanns Sache. Nun gehen Petrus und Johannes in den Tempel, um zu beten und schließlich wird dieser Mensch geheilt. Er kommt wieder auf die Beine. Er darf wieder am Gottesdienst teilnehmen und er tut es. Man erkennt an dieser Geschichte wie an allen Heilungsgeschichten im Neuen Testament, dass sie diakonische Geschichten sind, Geschichten, die Mut machen. Sie gründen Gemeinde! Sie bringen Menschen zusammen und grenzen niemanden von den lebenswichtigen Äußerungen aus. Das ist entscheidend!

Wie dies konkret aussieht, kann man in Apostelgeschichte 2 lesen, damit komme ich zum dritten wichtigen Punkt: Sie tragen dazu bei, dass die Gemeinde zusammenbleibt und weiß, was sie beten soll. »Sie blieben beieinander in der Gemeinschaft, im Brotbrechen und im Gebet.« Sie wissen, was sie zu beten haben, wenn sie die soziale Situation in der Gemeinde kennen. Diakonie ohne diese Qualität verdient ihren Namen nicht.

Schließlich – viertens: die Geschichte von Petrus und Kornelius aus der Apostelgeschichte, aus dem zehnten Kapitel. Da hat einer eine ganz spezifische Vorstellung von Gott. Er denkt, Gott gibt es nur in der eigenen Umgebung, in der eigenen Tradition, in den eigenen Erfahrungen. Er wird über diese Grenze hinweggeführt: über die Grenze der Religion, über die Grenze der Kirchengemeinde und über alles das, was er persönlich von Gott weiß. Er gewinnt Gott in diesem Schritt! Diakonie ist ein grenzüberschreitendes Handeln von Anfang an. Was es bedeutet, ist eindeutig: Wenn man sich in der biblischen Überlieferung auf die Diakonie einlässt, wird man auf das gestoßen, was die Gemeinde zur Gemeinde macht, in einem Kontext, der keine Barmherzigkeit kennt. Deswegen ist alles, was als

Kultur der Barmherzigkeit entstanden ist, dieser Lebendigkeit, dieser schöpferischen Kraft Gottes verdankt.

Das verdanken wir – wie es Martin Luther einst gesagt hat – dem Geschrei der Barmherzigkeit, von dem wir herkommen. Das Subjekt des evangelischen Christentums wird mit dem Durchbruch der Reformation das Priestertum der Gläubigen. Die menschliche und geistesgeschichtliche Attraktion liegt in der Institutionalisierung des Gottesverhältnisses. Wenn Luther damals erkennt, dass die Kirche als eine Kirche, die im Werden ist, reformiert werden kann, dann heißt das zugleich für die Gesellschaft, dass auch die Gesellschaft eine Gesellschaft ist, die immer wieder in diesem Prozess steckt – wie die Diakonie. Diese Art, das eigene Gottesverhältnis zu betrachten, stellt jede Lebensform unter dem Aspekt der Christusgemäßheit in Frage. Damit entsteht eine ganz neue Qualität für die Diakonie. Hilfe soll zur Verantwortung gegenüber dem Wort Gottes führen. Aktivierende Hilfe, die die Selbstverantwortung des Menschen ernst nimmt, ist im Menschenbild der reformatorischen Theologie angelegt.

Die Lehre von der Rechtfertigung ist das Herzstück des evangelischen Glaubens und des evangelischen Lebens und der Kirche. Indem gerade die Rechtfertigungslehre für die Diakonie grundlegend wird, wird deutlich, worum es hier geht. Dienst ist immer Dienst in Freiheit. Luther hat von der Freiheit eines Christenmenschen gesprochen, der niemandem untertan ist, und er hat zugleich gesagt: Ein Christenmensch ist ein freier Herr und ein dienstbarer Knecht, der jedermann untertan ist, freigesetzt für das Handeln in der gesamten zur Verfügung stehenden Welt – ohne Vorbedingung. Keine Schranken der Zuständigkeit mehr! Die Diakonie geht prinzipiell nicht auf in organisierter, veranstalteter Wohltätigkeit, sondern ist eine Seinsform des evangelischen Christen. Das beschreibt die Rechtfertigungslehre. Deswegen lässt sich daraus eine ganzheitliche Verantwortung für die ganze Kultur und dann natürlich auch für die Lebensformen ableiten. Diese lassen sich daraufhin befragen, ob sie dem Menschen dienen oder nicht. Deswegen ist es notwendig, dass man sich in der Diakonie wie in der Kirche über diese Lebensformen, über diese Ziele wirklich Gedanken macht.

Ein paar ganz konkrete Beispiele. Erstens: Eines der größten Probleme in Deutschland und in Europa für die Diakonie ist das Problem von Ausgrenzung und Armut. In Deutschland leben über eine Million Kinder von Sozialhilfe. Es gibt in Europa mehrere Millionen arbeitslose Menschen. Man kann an der Beschäftigung mit diesen Menschen eines begreifen: Arbeit haben oder Arbeit nicht haben, ist nicht nur ein Vorgang, bei dem es ums Geldverdienen geht, sondern es geht um die Würde und um die Selbstachtung des Menschen. Wer in der Diakonie oder in seinem familiären Umfeld damit umgeht, der weiß, dass das eines der größten Schmerzpotentiale ist, was Menschen überhaupt mit sich herumschleppen können. Der weiß auch, wie empfindlich diese Menschen sind, wenn man ihnen Angebote macht, die nur wie ein Trostpflaster geklebt werden. Man wird von der Diakonie und allen in unserer Gesellschaft erwarten können, dass wir mehr als Trostpflaster zu bieten haben. Wir haben unzählige Initiativen für Arbeitslose. Doch was wir brauchen, ist eine intensive Beschäftigung damit, wie Arbeit anders verteilt werden kann und wir müssen auch über den Stellenwert der Arbeit neu nachdenken. Ein paar Zahlen: Wir haben an vielen Stellen – so wird kritisiert – eine Teilzeitstellenquote, die im internationalen Vergleich zu gering sei. Im Osten Deutschlands arbeiten in der Diakonie 55 Prozent aller Menschen Teilzeit. Und das zum Osttarif. Sie tun das nicht, weil ihnen das Spaß macht, sondern weil nicht mehr bezahlbare Arbeit da ist. Die Folge: Entlohnung von 55 Prozent bei Osttarif bedeutet, dass im Alter Sozialhilfe herauskommt. Wir müssen uns also Gedanken machen, wie Arbeit anders verteilt wird, damit Menschen durch Arbeit eine vernünftige Alterssicherung erwarten und weiterhin erwerben können. Es reicht nicht zu sagen: In der Zeit der Globalisierung muss man auf Effizienz und auf den Lauf des Geldes achten – eine rein ökonomistische Betrachtungsweise, die den einzelnen Menschen an dieser Stelle übersieht, übersieht die humanen Folgekosten. Wir geben in

Deutschland für kompensatorische Maßnahmen aufgrund von Arbeitslosigkeit 180 Millionen Mark aus.

Zweitens: Hier komme ich auf ein ethisches Problem. Wir sehen zunehmend, wie die Entwicklung der Technik neue ethische Probleme bringt, nicht zuletzt auch in den Bereichen, in denen wir diakonisch tätig sind, in den Krankenhäusern zum Beispiel. Soll man eine Behandlung weiterführen? Wie teuer ist eine Behandlung? Was tun wir, wenn wir eine bestimmte Therapie beginnen? Wir haben darüber an vielen Stellen inzwischen nachgedacht und Ethik-Komitees in Krankenhäusern eingerichtet. Die wirklich spannende Frage bei der Gesundheitsreform im Augenblick ist die Frage, wie es gelingen kann, ein bedarfsgerechtes Gesundheitswesen auch weiterhin bezahlbar und entwicklungsfähig zu erhalten. Dabei stellt sich die Frage, was wir uns leisten wollen und was wir uns leisten können.

Ich spreche ein weiteres Problem an. Es gibt eine ganz neue Mode: Menschen, die soziale Dienstleistungen in Anspruch nehmen, anders zu bezeichnen. Man findet das in den Reden der Politiker, in den Reden der Planer, aber auch in unserem Bereich ist es verbreitet. Wir sprechen nicht mehr von Bewohnern, sondern von Kunden. Und die Art, wie wir von diesen Menschen sprechen, die Art, welches Menschenbild wir an dieser Stelle zum Ausdruck bringen, ist nicht nur verräterisch, sondern prägend. Ich will mit kleinen Unterscheidungen klarmachen, worum es geht. Vor vielen Jahren war es üblich, beispielsweise in Beratungsstellen von *Betreuten* zu reden. Das Wort der Betreuung war geradezu ein Musterwort und signalisierte menschliche Nähe. Man hat überhaupt nicht geschaut, wo dieses Wort herkam. Das Wort Betreuung stammt in der sozialen Arbeit aus der Verwaltungssprache der Nationalsozialisten und bedeutet: ums Leben zu bringen. Ist uns das deutlich mit solchen Begriffen? Oder: Wir reden in den Beratungsstellen von *Klienten*. Ein Klient ist ein Höriger, der keine eigene Stimme hat. Wir dürfen im evangelischen Bereich auf gar keinen Fall so reden, auch wenn sicher ist, dass ein Anwalt, dem ein Klient einen Auftrag gibt, nur in diesem Auftrag tätig werden kann. Aber es geht hier auch um eine Beziehung, die geregelt gestaltet wird. Wie ist das nun mit dem *Kunden*? Das Wort Kunde hat eine verräterische Wurzel. *Künden* steckt drin und vieles andere mehr. Der Kunde im ursprünglichen Sinn ist der Wirtshausgänger, einer, der in die Kneipe geht, regelmäßig, und da will er es gut haben und nicht betrogen werden. Das ist das Mindeste. Es wird eine Vertrauensbeziehung gestaltet, die auf der sachlichen Ebene liegt. Schauen Sie die Geschichte vom Barmherzigen Samariter an. Darum geht es gerade nicht. Er hat Zeit. Er hat keine Angst. Er wendet sich dem Menschen zu und gestaltet eine menschliche Beziehung. Die Welt zerfällt nicht in Unternehmer und Kunden, sondern sie strukturiert sich völlig anders. In Menschen, die Trost brauchen, in Menschen, die Trost geben können, in Menschen, die stützen können, in Menschen, die erziehen können, die pflegen können und vieles andere mehr. Es sind menschenorientierte Dienstformen in Freiheit und das reicht weit hinaus über den diakonischen Bereich im organisierten Sinn. Zum Glück arbeiten Christen in ganz vielen Sektoren und die Frage, die wir uns zu stellen haben, ist: Was dient eigentlich dem Menschen und wie geschieht es? Und da geht es doch um die Respektierung der Würde, da geht es um verlässliche Dauerhaftigkeit, um Vertrauen, da geht es um Schutz, da geht es um die Offenheit für Entwicklung. Es geht um die Gestaltungsfähigkeit der christlichen Gemeinde. Und wenn Paulus oder die anderen neutestamentlichen Schriften davon reden, dann reden sie von einer Kultur der Versöhnung, die sich leben lässt. Offenbar war damals schon Absonderung und Ausgrenzung das größte Problem. Und wenn man uns als Christen fragt, was wir in diesem Zusammenhang zu tun haben, dann ist das ganz einfach: Ostern grenzt nichts aus, sondern die letzte Grenze, die der Tod darstellt, wird durch das Handeln Gottes außer Kraft gesetzt. Von daher stammt der Impuls der Diakonie.

Diese Gestaltungsfähigkeit ist das Wichtige. Wenn man in die letzten Jahre schaut, sieht man: Überall dort, wo die Diakonie die soziale Frage gehört hat, ist auch etwas herausgekommen – in der

Schuldnerberatung oder ganz deutlich im Betreuungsrecht. Das zeigt, dass sehr viele Menschen – viel mehr als wir ahnen – mit dem Problem der Verschuldung zu tun haben. Es zeigt, dass viele Menschen darauf angewiesen sind und dass andere bereit sind, mitzugehen und sich als Anwälte in Anspruch nehmen zu lassen. Oder jetzt: Wir haben vor wenigen Wochen im Rundfunk eine Hotline gemacht, wo wir gefragt haben: Wie ist eigentlich die Situation alter Menschen, die pflegen? Und wir haben erwartet, dass wir sehr viele Beschwerden bekommen würden über die Pflegesituation in Deutschland. Ganze 5 Prozent der Anrufer bundesweit haben sich beschwert! Aber 50 Prozent der Anrufer haben gefragt: »Wie schaffen wir das eigentlich, unsere alten Eltern zu pflegen? Unsere Eltern sind zwischen 80 und 90 und ich gehe auf die 70 zu, und ich muss meinen alten Vater jetzt pflegen!« Das war das wirkliche Problem der Leute. Oder die zweite Frage: Wie gehen wir damit um, dass Menschen altersverwirrt in den Familien leben, wenn wir keinen Platz in einer Plegeeinrichtung haben, sondern diese Menschen behalten wollen?

Die Diakonie auf der gemeindlichen Ebene und wo auch immer braucht die Kenntnis der sozialen Lage vor Ort. Sie muss wissen, wie es den Menschen wirklich geht. Welche Kirchengemeinde hat schon ein diakonisches Leitbild in ihrer Gemeinde? Wer weiß genau, wie viele Menschen von Sozialhilfe leben? Wer weiß, wie viele Frauen allein erziehend sind? Wer weiß, wie viele alte Menschen welche Hilfe brauchen? Das ist eine hoch spannende Blickrichtung! In einer Kirchengemeinde in Kassel sind 80 Prozent aller Gemeindemitglieder allein erziehende Frauen. Sie erreicht man nicht auf traditionelle Weise mit einem Frauenkreis. Sondern für sie muss man Sonntagnachmittag zwischen vier und sechs, wenn ihnen die Decke auf den Kopf fällt, ein Angebot machen oder ihnen die Möglichkeit geben, dass sie sich irgendwo treffen können, oder ihnen die Möglichkeit geben, dass diese Frauen, ohne ihre Kinder, eben auch mal etwas Neues tun können. Deswegen ist diese Blickrichtung so wichtig. Deswegen ist ein diakonisches Leitbild entscheidend.

Der letzte Punkt: In den vergangenen Wochen ist erheblich über die Frage der Schwangerschaftskonfliktberatung diskutiert worden. Das Diakonische Werk hat sehr deutlich gesagt, wir bleiben da drin. Wir bleiben da drin wegen der Frauen und der Kinder. Nicht, um irgendjemanden an dieser Stelle auszuschließen, sondern ganz im Gegenteil, um den Menschen mit Problemen zu zeigen: Dort, wo ihr seid, sind wir auch. Wir hören zu, wir versuchen nicht zu bevormunden, sondern wir versuchen euch zu helfen, eine Gewissensentscheidung zu treffen. Solche Situationen gibt es immer wieder. Deutlich ist: In der Diakonie ist die Kirche nahe bei den Menschen – wenn's denn gut geht. Die Diakonie ist ein Glashaus. Es gibt nirgendwo so viele hohe Erwartungen und zugleich so viele Enttäuschungen. Nicht zuletzt aus diesem Grunde ist dieser Bereich so gefährdet, aber auch so chancenreich für die Kirche.

Greinacher, Norbert, Prof. Dr., geb. 1931, katholischer Priester. Nach Promotion an der Universität Freiburg/Br. (1955) und Arbeit in der Gemeinde Habilitation in Wien (1966); danach Dozent für Katholische Theologie an der PH Reutlingen und Dozent für Pastoraltheologie an der Katholisch-theologischen Fakultät der Universität Münster; seit 1971 Ordentlicher Professor für Praktische Theologie an der Katholisch-Theologischen Fakultät der Universität Tübingen und Kritiker der katholischen Amtskirche. Zahlreiche Zeitschriften- und Buchveröffentlichungen, u. a. zur *Theologie der Befreiung* und zur *Kirche der Armen*; lebt in Tübingen.

Norbert Greinacher

Die Kirche 2000 – demokratisch, politisch und nicht kleinlaut

Wenn man sich Gedanken machen will über die Kirche von morgen, dann muss man auch einen Blick zurückwerfen. Was war das Leitbild der Kirche in der fast zweitausendjährigen Christentumsgeschichte? Die christliche Kirche nach dem Tode Jesu am Kreuz war eine Kirche, die wesentlich auf den einzelnen Gemeinden aufgebaut war – so finden wir es vor allem in den paulinischen Briefen. Es gab eine Kirche in Korinth, in Thessaloniki, in Rom. Und diese Gemeinden und ihre einzelnen Mitglieder wurden in den ersten drei Jahrhunderten verfolgt. Denn sie standen im Widerspruch zu dem, was man gängig die *heidnische römische Religion* nennt, also zur Religion, die den ganzen Mittelmeerraum als der damals bekannten Welt umfasste. Weil die einzelnen Christinnen und Christen sowie die einzelnen Gemeinden diese Religion nicht akzeptierten, wurden sie bitter, bis hin zum Tode verfolgt. Eine entscheidende Veränderung trat mit der Konstantinischen Wende ein. Kaiser Konstantin erklärte im Jahre 322 den christlichen Glauben zur *religio licita*, das heißt zu einer im römischen Staat erlaubten Religion. Das war etwas Neues und es bedeutete den Anfang vom Ende der schrecklichen Christenverfolgung. 382 mit dem Edikt von Thessaloniki wurde der christliche Glaube nicht nur zur *religio licita*, also zur erlaubten Religion, sondern auch zur *religio publica* erklärt, was frei übersetzt heute mit Staatsreligion oder Staatskirche bezeichnet werden könnte. Das Christentum wurde Ende des vierten Jahrhunderts Staatskirche, und damit nahm die Kirche die Sozialform an, die andere und ich als Volkskirche bezeichnen. Das heißt, in der damals bekannten Welt im Mittelmeerraum wurde der christliche Glaube zum beherrschenden religiösen Wertgefühl. Kardinal Wischinsky aus Polen hat diese Form der Volkskirche, des christlichen Glaubens, einmal so ausgedrückt, indem er sicher sehr vereinfacht, aber nicht ganz falsch gesagt hat: »Wer polnisch ist, ist katholisch und wer katholisch ist, ist polnisch.« Das ist die klassische Formulierung der Sozialform Volkskirche, die – sicher auch mit vielen Varianten und Abweichungen – über Jahrhunderte hinweg die Christentumsgeschichte bestimmt hat.

Es gab auch immer wieder in dieser Geschichte Frauen und Männer, die diese einfache Identifizierung von Staat oder nationalem Volk und Kirche in Zweifel zogen, beispielsweise Katharina von Siena. Zu ihrer Zeit im 13. Jahrhundert herrschte eine schwierige Situation vor, denn es gab drei Päpste gleichzeitig. Aber sie reiste zu einem dieser Päpste nach Avignon, der dort lebte, und drängte ihn mit Erfolg dazu, auf sein Papsttum zu verzichten. Das ist übrigens eine Möglichkeit – und ich sage das im Hinblick auf den jetzigen Papst, weil ich ihm eine solche Möglichkeit nahe legen würde –, die im katholischen Kirchenrecht im Kanon 332, 3 von 1984 schriftlich fixiert ist.

Die Volkskirche als Sozialform beider christlichen Kirchen – sowohl der katholischen wie der evangelischen – hat heute noch, auch im Hinblick auf das Grundgesetz und die Konkordate, die Vereinbarungen zwischen der evangelischen Kirche und den Ländern, eine große Bedeutung. Diese auch staatsrechtlich abgesicherte Form des Christentums wird wohl kaum noch lange Bestand haben. Beide

Kirchen haben in Deutschland eine weltweit fast einmalige Stellung. Wir haben diese privilegierte Stellung der Kirche als Volkskirche, abgesichert durch die Kirchensteuer, die beide Kirchen zumindest im internationalen Vergleich außergewöhnlich reich macht. Wir haben die Stellung der theologischen Fakultäten beider Konfessionen an staatlichen Universitäten. Wir haben die gesetzlich abgesicherte Stellung des schulischen Religionsunterrichtes. Um weitere Beispiele zu nennen: Die Militärseelsorger beider Konfessionen sind durch staatsrechtliche Verträge abgesichert. Krankenhausseelsorger sind Beamte, Seelsorger in den Justizvollzugsanstalten sind überwiegend Beamte. Ich gehe davon aus, dass in Deutschland diese privilegierte Situation der beiden christlichen Großkirchen die Mitte des nächsten Jahrhunderts nicht überdauert.

Was kann anstelle dieser Sozialform der Volkskirche treten? Ich habe das unter dem Begriff der Gemeindekirche zusammengefasst. Von der Volkskirche zur Gemeindekirche – was ist damit inhaltlich gemeint? Zunächst einmal ist für die katholische Kirche von Bedeutung, dass die Gesamtkirche nicht hierarchisch von oben nach unten geleitet wird, sondern im Gegenteil sich von den Gemeinden her aufbaut, so wie wir es in der nachjesuanischen Kirche finden und im Neuen Testament nachlesen können. Die Kirche im neutestamentlichen Sinne ist nicht der Papst oder die römische Kurie oder die Bischofskonferenz, sondern als *ecclesia* konstitutierte sie sich als die Gemeinde in Korinth, in Thessaloniki, in Rom usw. Das bedeutet, dass die Kirche sich von unten, von den einzelnen Gemeinden her aufbaut. Das impliziert, dass die hierarchische Struktur abgelöst wird. Ich halte die hierarchische Struktur und die Hierarchie überhaupt für eine Häresie. Denn Hierarchie heißt wörtlich übersetzt: *heilige Herrschaft*, aber es darf, wenn man das Neue Testament ernst nimmt, in der Kirche weder Herrschaft noch heilige Herrschaft geben.

Ein zweites, das im Gesamtbild dieser Gemeindekirche als der Kirche von morgen aus dem Neuen Testament heraus wieder entdeckt werden muss, ist das prophetische Element in der Gemeinde.

Als Prophet wird sowohl im Alten als auch im Neuen Testament eine weibliche oder männliche Person bezeichnet, die erkennt, was hier und jetzt vom einzelnen Christen, von der christlichen Gemeinde, von der christlichen Kirche zu tun ist. So haben die klassischen alttestamentlichen Propheten gesagt, was in ihrer damaligen Zeit wichtig und was zu tun war. Der historische Jesus von Nazareth wurde von einem großen Teil seiner Zeitgenossinnen und Zeitgenossen als Prophet angesehen, weil er konkret geredet hat, beispielsweise die sogenannte Gerichtsrede aus Matthäus 25: »Wenn ihr einen Nackten bekleidet, dann habt ihr das mir getan. Wenn ihr einem hungrigen Menschen Brot gebt, dann habt ihr das mir getan. Wenn ihr einem Durstigen zu trinken gebt, dann habt ihr das mir getan. Was ihr dem Geringsten meiner Brüder getan habt, das habt ihr mir getan, und was ihr dem Geringsten meiner Brüder nicht getan habt, das habt ihr mir nicht getan.« Das ist keine theoretische Abhandlung über das Christentum als einer Religion, sondern ganz konkretes Handeln. Deshalb wurde Jesus von vielen seiner Zeitgenossinnen und Zeitgenossen als Prophet angesehen – auch deshalb, weil er im Widerspruch zu den damaligen Gewohnheiten und rechtlichen Vorschriften seiner Zeit stand. Deshalb kam er ans Kreuz. In diesem Sinne war Jesus ein Gesetzesbrecher, weil er formale oder informale Gesetze der damaligen Zeit gebrochen hat und weil er als Prophet angesehen wurde. Die neutestamentlichen Gemeinden haben dies aufgegriffen. Es gibt im 1. Korintherbrief und im Römerbrief die so genannten Charismentafeln. Bei den Aufzählungen der unterschiedlichen Begabungen stehen nicht der Priester oder der Pfarrer an erster Stelle. Vor allem in Römer 12 werden zuerst die Begabung des medizinischen Heilens, die unterrichtende Aufgabe des Katecheten und die warnende Aufgabe des Propheten genannt. Erst dann kommt an neunter Stelle der Presbyterus, das heißt der Vorsteher oder der Leiter der Gemeinde, also das, was wir heute mit Pfarrer bezeichnen. Ein wichtiges Element dieser Gemeindekirche, dieser Kirche von morgen ist, dass sie eine demokratische, eine demokratisierte Kirche ist. Dazu wäre viel zu sagen. Ich möchte vor allem zwei Elemente im Blick auf eine demokratische Kirche hervorheben.

Das erste bezieht sich auf die Wahl der Amtsträger. Es gibt ein altes Theologumenon, einen alten theologischen Satz, der lautet: »Wer allen vorsteht, soll von allen gewählt werden.« Dies müsste ein Grundgesetz in den Gemeinden und in der Kirche im Ganzen sein – das gilt für die katholische wie für die evangelische Kirche. Ich halte das – abgeleitet aus dem Neuen Testament – für ein Grundprinzip der christlichen Kirche und ich halte es für ungeheuer wichtig, dass wir dazu wieder zurückkehren.

Das zweite Element im Zusammenhang dieser demokratischen Kirche ist, dass auch über inhaltliche Sachfragen auf demokratische Weise entschieden wird. Das war so in der Christentumsgeschichte und ich erinnere in diesem Zusammenhang unter anderem an das Konzil von Konstanz 1414, das beschlossen hat, dass das Konzil mit den gewählten Konzilsvätern über dem Papst steht – was auch später von der katholischen Kirche nie formal in Frage gestellt wurde.

Die Gemeindekirche als Kirche von morgen kann nichts anderes sein als sozial und politisch engagiert. Wenn man ernst nimmt, was Jesus von Nazareth gesagt hat: »Was ihr dem Geringsten meiner Brüder getan habt, das habt ihr mir getan«, dann kann die einzelne Christin und der einzelne Christ nicht politisch neutral sein. Dann muss sie und er das tun, was die Theologen der Befreiung in Lateinamerika die grundlegende *Option für die Armen* genannt haben. Natürlich sagt sich das schön von hier aus. Aber für die Christinnen und Christen, die Theologinnen und Theologen und die Bischöfe dort hat das bis heute ernsthafte Folgen nach sich gezogen – bis hin zum Tode. Wenn man sich sozial und politisch auf die Seite der Armen stellt und diese Stellungnahme nicht nur als Einzelner, sondern auch als Gruppe, als Gemeinde, als Kirche vor Ort öffentlich macht, dann kann man bis auf den heutigen Tag politische Verfolgung erfahren. Ich denke dabei an meinen Freund Bischof Samuel Ruiz von St. Christoba de Las Casas im Süden von Mexiko, der bis heute verfolgt wird. Deshalb darf es keine Christin und keinen Christen geben, die denken, ihre individuelle Religiosität ausschließlich im stillen Kämmerlein oder in der Kirche praktizieren zu können. Sondern es geht darüber hinaus um die sozialen und die politischen Konsequenzen auf allen Ebenen.

In der Kirche darf es dabei durchaus zu Konflikten im Sinne der *conditio humaine*, der menschlichen Situation, in der wir sind, kommen. Wir sollten keine Angst haben und nicht sofort die gesamte Kirche in Gefahr sehen, wenn es zu Konflikten in der Großkirche kommt. Die Debatte um die gemeinsame Erklärung zur Rechtfertigungslehre innerhalb der evangelischen Kirche und um die Schwangerschaftskonfliktberatung innerhalb der katholischen Kirche sind dafür Beispiele. Wir sollten unterschiedliche Beurteilungen solcher Sachverhalte innerhalb der Kirche nicht als eine grundlegende Infragestellung der Kirche ansehen, sondern als eine Tatsache, die wir zur Kenntnis nehmen und austragen müssen.

Die Kirche von morgen: Für die Zukunft der Kirche halte ich es für wichtig, dass wir in dieser Kirche das prophetische Element haben, dass es freie Charismen gibt, die nicht vom Amt abhängig sind und nicht vom Amt eingesetzt werden dürfen. Gleichzeitig haben für mich die institutionellen Elemente in dieser Kirche eine Bedeutung. Wer meint, den christlichen Glauben in die Zukunft hinein an die kommenden Generationen weitergeben zu können, muss davon ausgehen, dass es in dieser Kirche institutionelle Elemente gibt, dass heißt eine Kirchenordnung, ein Kirchenrecht, einen Ritus für den Gottesdienst sowie Ämter vom Pfarrer bis hin zum Papst. Das freie Element – die freien Charismen, die freien Gaben, das Prophetische – und das institutionelle Element: Wir müssen beides bei der Vision einer Kirche von morgen bedenken.

Haberer, Johanna, geb. 1956, Rundfunkbeauftragte der EKD. Nach Studium der Germanistik, Theologie, Theaterwissenschaften und Vikariat Pfarrerin in Schongau; danach freie Mitarbeit beim Rundfunk und bei der evangelischen Filmgesellschaft EIKON; Aufbau der Evangelischen Funkagentur (efa) München; Tätigkeit als freie Journalistin für ZDF und ARD; Chefredakteurin des *Sonntagsblatt – Evangelische Wochenzeitung für Bayern*; seit 1997 Rundfunkbeauftragte des Rates der Evangelischen Kirche in Deutschland, u. a. zuständig für die ARD-Sendung *Das Wort zum Sonntag*; Lehrbeauftragte am Institut für Christliche Publizistik in Erlangen. Zahlreiche Filme, Bücher und Fachaufsätze; lebt in München.

Johanna Haberer

Denn sie wissen nicht, was sie wert sind. Gedanken über ein protestantisches Profil

Zu unserer Kirche, zu unserer lieben, alten, oft unansehnlichen Kirche und zu ihrer Zukunftsfähigkeit möchte ich einige Gedanken und Beobachtungen zusammentragen, die dazu anregen sollen, sie für Gemeinde und Kirche weiterzudenken oder bisher nicht Zusammengedachtes zusammenzudenken. Einige geistliche Anmerkungen möchte ich hier servieren, Streiflichter zu meiner Kirche in unserer Gesellschaft. Keine theoretischen Systeme, keine dogmatischen Durchdringungen: Fragen und Gedanken gesellschaftsrelevanter, geistlicher Lebenspraxis.

Beim stirngerunzelten Nachdenken über die Kirche und ihre Zukunft im neuen Jahrtausend befinde ich mich in bester Gesellschaft: Unzählige Gelehrte, Pfarrer, Gemeindevorsteher und -vorsteherinnen, Professoren, Oberkirchenräte, seit neuestem auch PR-Manager, Werbeagenturen und Unternehmensberater beugen sich über den welken Leib der alten Mutter Kirche. Wir horchen mit den Messgeräten der empirischen Forschung in sie hinein, wir klopfen sie nach ihren Mitgliedern ab. Wir beklagen den Mitgliederschwund, den Bedeutungsverlust, die lähmende Resignation. Wir nennen die an der geistlichen Kommunio, am Abendmahl Teilhabenden, seit neuestem Kunden. Wir verpassen der Mutter Kirche Rezepte und Medikamente, wir raten ihr zu einem gründlichen Lifting, einem neuen Make-up und einem neuen Schneider. Aus dem erschöpften Weiblein Kirche soll per Unternehmensberatung ein Starmodell werden.

Doch wir alle wissen aus der einschlägigen Presse, wie lange ein solches Lifting hält. Man sieht für eine kurze Zeit jünger aus als man ist, um dann umso älter auszusehen. Nein, ich glaube mit Rezepten, Schönheitswässerchen oder gar Operationen werden wir unsere geliebte alte Mutter nicht ansehnlicher machen. Wir werden ihr wohl auch nicht gerecht.

Aber es gibt da noch die anderen, die so genannten alternativen Heilmethoden und Verjüngungskuren, die bekanntlich auf das Prinzip der Selbstheilungskräfte der Natur setzen. Doch wenn man auf das Prinzip der Selbstheilungskräfte der Natur setzt, dann muss man sich erst einmal fragen: Welcher Natur ist denn die Kirche? Was ist Kirche?

Der Kirche als Institution weht der kalte Wind, so scheint es, heute mitten ins Gesicht. Und das ist, finde ich, sehr gut so, denn wir brauchen eine frische Brise. Wir sind verwechselbar geworden mit einem Beamtenkonzern, einer Großlobby und lassen geistliche und religiöse Orientierungskompetenz vermissen, die die Leute heute von uns erwarten. Wir setzen uns häufig dem Unmut unserer Gesprächspartner in Politik, Kultur, Wirtschaft und Industrie aus, weil wir reden ohne zuzuhören und wenn wir reden, das Erwartete sagen. Wir sind keine Gesprächspartner, wir sind Grüßonkel geworden, und das haben wir uns selbst zuzuschreiben. Denn: Wir sind von der Angst um den Bestand getrieben, anstatt von der Liebe zu den Menschen, die doch unsere Aufgabe ist.

Deshalb ist es gut, sich zunächst einmal der Natur der Kirche zu versichern. Und dazu ist als Allererstes und Allerwichtigstes zu sagen: Es war der Gemeinde Jesu Christi, des Gekreuzigten und Auferstandenen, nie in die Wiege gelegt, Repräsentantin einer triumphalen Hochreligion oder eine Volkskirche zu werden. Die Christen waren, bevor sie für das Staatsbanner des Kaiser Konstantin instrumentalisiert wurden, immer die anderen, die Queren, die Fremden, die die Knie nicht vor dem Bild des Kaisers beugten. Die dem Staat loyal waren, ihm aber niemals huldigten. Die eine Gemeinschaft bildeten, in der das Vertrauen auf Gott so spürbar präsent war, so aufregend lebendig, so kreativ visionär, dass es Vorbildcharakter bekam, dass es einfach ausstrahlte. So und nicht anders klappte übrigens Mission: Die Menschen waren so überzeugt, dass das, was sie glauben, anderen zum Leben hilft, dass sie wollten, dass es alle wissen und dass wir mehr werden. Eine missionarische Kirche ist eine aufregend lebendige Kirche, eine abenteuerlustige Kirche, eine zeitgenössische Kirche, eine Kirche, die Veränderungen liebt, weil sie einen Gott anbetet, der die Welt verändert. Die ersten Christen bildeten eine solche Kirche, eine Kirche der Auferstehung. Es waren Menschen, die einen Blick hinter den Horizont gewagt hatten und von dorther die Welt betrachteten und veränderten. Es war eine Gemeinschaft von kraftvollen Optimisten.

Das Christentum ist auf dem Blut gegründet von Rechtlosen und von Märtyrern, auf dem Blut derer, die eine Vision hatten vom Schalom, vom Frieden unter den Menschen. Eine Welt, die Jesus ihnen vorgelebt hatte und die wir predigen dürfen bis heute.

Denn dort, wo das Evangelium rein und lauter gepredigt wird, da entsteht Kirche, das sagt unser Bekenntnis. Dort gewinnt Gemeinde Identität. Dort entsteht Transparenz, Durchsichtigkeit zum Reich Gottes, die eine Gegenwelt schafft, ganz einfach; nur durch die Predigt, ohne Kampf, ohne Institution und zunächst ohne Posten und Hierarchien und ganz ohne Positionspapiere.

Das ist das Erbe unserer Mutter Kirche. Das ist ihre Natur. Sie wird lebendig aus dem Wort, sie wächst als Erzählgemeinschaft des Evangeliums. Sie wird Körper, indem sich die Geschichten des Evangeliums in den Herzen der Menschen festsetzen. Indem sie in uns inkarnieren, indem sie Leib werden und dann Tat werden. Und das vergessen wir, die wir heute über die gesellschaftliche Institution nachdenken, oft. Wir Christen haben, in welcher Umwelt und Gesellschaft wir auch immer leben, wir Christen haben nichts zu verlieren, außer die uns aufgetragene Botschaft, unser aufregendes, abenteuerlustiges, lebenslustiges Evangelium vom nichtigen Tod. Wir haben nichts zu verlieren außer unseren Glauben, unsere Hoffnung und unsere Liebe.

Wir haben nichts zu verlieren, das ist die wichtigste Aussage, der tiefste Inhalt der Rechtfertigungslehre. Wir sind immer schon wer und wir wissen, was wir wert sind. Das ist die Grundlage. Das andere ist die Verheißung, Zusage und Dienstanweisung: »Ihr seid das Salz der Erde.« Und das meint wohl, es gehört zum Wesen der christlichen Gemeinde, dass sie mit kleinen Dosen eine große Wirkung auslöst, dass sie sich nicht zu fein ist mitzumischen, dass sie sich in den Dialog begibt mit jedermann, sich mischt mit Andersdenkenden, dass sie den gesellschaftlichen Diskurs würzt und schärft, dass sie die ganze gesellschaftliche Suppe durchdringt. Noch einmal: außer dem Glauben, der Hoffnung und der Liebe haben wir als Gemeinde nichts zu verlieren. Und das gibt uns eine herrliche Freiheit der Kinder Gottes.

In unserer Kultur gestaltet nun dieses Christentum die Gesellschaft an wesentlichen Punkten mit. Das ist wichtig und es gehört auch zu unserer christlichen Existenz. Wir dürfen uns vor dem Auftrag, diese Welt zu gestalten, nicht drücken. Aber diese gesellschaftliche Stellung, die wir haben und deren Bestandswahrung darf nicht zum obersten Prinzip unseres Denkens und Handelns werden. Sonst handeln wir aus Angst und nicht aus Freiheit. Zu den wichtigen, aber unwesentlichen Dingen, die wir im kommenden Jahrtausend eventuell verlieren werden, gehört die Einladung zum Neujahrsempfang des Bürgermeisters oder der Sitz im Rundfunkrat oder das Beamtengehalt auf Lebenszeit für Pfarrerinnen und Pfarrer oder eine Menge Kulturdenkmäler, die vom Kirchenraum zum Museum mutieren könnten, auch die Verantwortung für Kindergärten, Schulen, Krankenhäuser, Altenheime, die nach dem Prinzip der Subsidiarität den christlichen Kirchen anvertraut sind, Religionsunterricht an Schulen und und und – das ist alles bereits in der Debatte.

Um Missverständnissen zuvorzukommen: In meinem Beruf als Rundfunkbeauftragte kämpfe ich um jede Minute Sendezeit der Kirche, so wie ich erwarte, dass andere Repräsentanten der Kirche beispielsweise für den Religionsunterricht und dessen Erhalt gute Argumente finden, aber – und das ist ganz wichtig – wir tun das in der geistlichen Freiheit, die weiß, meine Identität und die Wahrheit dessen, was ich zu sagen habe, misst sich nicht am gesellschaftlichen Status oder an der Menge der gesellschaftlichen Privilegien. Eher sind die Aufgaben, die uns die Gesellschaft anvertraut, ein Maßstab für die Qualität des Dienstes, den wir als Gemeinde an den Menschen leisten. Und diese Qualität müssen wir immer wieder nachweisen. Wir müssen keine Angst haben um die Kirche Jesu Christi, sie gehört uns nicht. Der umgekehrte Standpunkt ist evangelisch: In aller Freiheit diene ich dieser Gesellschaft liebevoll, ich gestalte sie, weil das die Aufgabe des Christenmenschen ist. Und solange dies der Gesellschaft augenscheinlich ist, solange die Kirche dies der Gesellschaft vermitteln kann, muss die Gesellschaft Sorge haben, wenn die Zahl der Christen schrumpft.

Diese Gesellschaft ist nämlich angewiesen auf unser jahrtausendealtes Know-how in Sachen Lebensbewältigung, in Sachen Weltanschauung, sie ist angewiesen auf unser Wissen um Leben und Tod. Die Kirche muss nicht um Privilegien kämpfen, nicht um ihren Bestand, sondern für die Menschen. Dann ist ihre Notwendigkeit auch evident.

Für uns evangelische Christen kann die Frage nach dem Schwinden von volkskirchlichem Einfluss nur eine willkommene Gelegenheit sein, sich zu besinnen: Was sind denn unsere Gaben, die wir möglicherweise den Menschen vorenthalten haben, welches sind die geistlichen Schätze, die uns das Evangelium eröffnet? Und ebenso wichtig: Wo bluten die spirituellen Wunden in dieser Gesellschaft? Mahatma Gandhi hat vor vielen Jahren mit großer Präzision die

Wunden einer kapitalistischen Gesellschaft benannt. Gandhi nannte diese Wunden die sieben sozialen Sünden: Politik ohne Prinzip, Wohlstand ohne Arbeit, Handel ohne Moral, Vergnügen ohne Gewissen, Erziehung ohne Charakter, Wissenschaft ohne Menschlichkeit, Religion ohne Opfer.

Auf weite Strecken können das die Leitthemen und die Grundfragen einer evangelischen Kirche sein, die den Schalom, den Frieden, das wohltuende Gleichgewicht einer Gesellschaft im Auge hat. Es gilt mit der Politik um gemeinsame Leitbilder für die Zukunft zu ringen, wie das die katholische Soziallehre nach dem Zweiten Weltkrieg getan hat. Es gilt, sowohl den Wohlstand als auch die Arbeit gerechter zu verteilen. Es gilt, bei uns selbst in der Gemeinde eine eigene intelligente und großzügige Festkultur zu installieren. Es gilt, bei uns in der Gemeinde exemplarisch Jugend- und Erziehungsarbeit zu leisten. Und es gilt, den Dialog mit Industrie, Wissenschaft und Wirtschaft wieder neu zu beleben.

Ich vermute, dass einiges dieser Kompetenz in den evangelischen Gemeinden auf der Strecke geblieben ist, weil sich durch den Zwang der Kirche, sich zeitgemäßen Marktstrukturen anzupassen, eine geistlich verhängnisvolle Trennung von Liturgia, von gottesdienstlicher Gemeinschaft, und Diakonia, der heilenden Begegnung mit den Wunden dieser Welt, eingebürgert hat. Wir betreiben große, schwer übersichtliche diakonische Apparate, in denen die Kirchen ihren sozialen Verpflichtungen nachkommen, während die Gemeindediakonie, in Vereinen organisiert, oft fernab von der gottesdienstlichen Gemeinde existiert. Den evangelischen Gemeinden ist die Einheit von Predigt und Dienst am Nächsten verloren gegangen und damit die Kompetenz der Gemeinde, ein überschaubares Netzwerk zu bilden für die Armen, die Kranken, die Verwahrlosten und die Sterbenden im Geviert. So gewinnt das Wort Gottes in unseren Gemeinden nur sehr mittelbar Gestalt und die gesellschaftliche Verantwortung ist auf Fachinstitutionen delegiert. Das macht unser Predigen oft so hohl appellativ, denn in der Ortsgemeinde ist die Einheit von Predigen und Handeln nicht mehr erlebbar. Ein Anfang könnte gemacht sein mit ganz einfachen Dingen: zum Beispiel eine organisierte Zusammenarbeit mit der Sozialstation, durch die Rufbereitschaft eines Pfarrers oder eines ausgebildeten ehrenamtlichen Mitarbeiters, wenn ein Mensch im Sterben liegt.

Ich fürchte, dass durch diesen Riss der Trennung geistlichen Handelns von Diakonie hier und Liturgie dort der Heilige Geist aus dem Gefäß der Kirche entweicht. Denn christliche Spiritualität und gesellschaftliche Glaubwürdigkeit wachsen aus der heilenden Berührung mit dem gebrochenen Leben. Oder in christlicher Metaphorik ausgedrückt: christliche Spiritualität wächst auf dem langen Weg von Karfreitag bis Ostern. Und nach unserem Glaubensbekenntnis ist das der Weg durch die Hölle. Nein, wir müssen unsere Kirche, diese liebe alte Dame, nicht liften, wir müssen sie dazu bringen, dass sie nicht ständig selbst in den Spiegel sieht und fragt, wie sehe ich heute wieder aus. Wir müssen sie dazu bringen, dass sie ihre arthritischen Knie beugt, dorthin, wo die Menschen leben und fragen, wo sie untergehen in diesem Land. Die Schätze, die wir haben, sind Glaube, Liebe und Hoffnung. Man kann sie gar nicht für sich behalten. Aber, ich glaube, verteilen kann man sie nur im Knien.

Die folgenden Überlegungen sind als kleine Schatzsuche nach den manchmal verbuddelten geistlichen Schätzen unserer Kirche zu verstehen, nicht als Arbeitsanweisung für Kirchenvorsteher und Kirchenleitungen. Sie sollen eine Beschreibung des spirituellen Zustands unserer evangelischen Gemeinden sein.

Erstens: Zu den geistlichen Schätzen gehört die Kompetenz in der Tradition. Wir sind als Christen Teil dieser Kultur, die sich die Kultur des christlichen Abendlandes nennt, und wir geraten immer deutlicher in eine Position, dass wir dieses Erbe erhalten und lebendig halten müssen, denn unsere Gesellschaft ist dabei, die gemeinsame kulturelle Erinnerung zu verlieren. Und kulturelle Erinnerung ist die Voraussetzung für geistliche Beheimatung. Fernsehen ist heute die führende Industrie für Weltanschauung: Als Fernsehbeauftragte kann ich beobachten, wie durch die Globalisierung der Medien auch die Identität in der Kultur verloren geht und der Kapitalismus von der Wirtschaftsform zur globalen Weltanschauung mutiert. Auch der Kapitalismus als Weltanschauung kann Identität schaffen. Aber eine Identität, davon bin ich zutiefst überzeugt, die am Ende weder gemeinschaftsfördernd noch lebensfördernd ist. Die christliche Religion und Kultur tradiert Lebens- und Überlebensbilder, in denen Menschen sich in allen Lebenslagen bergen können. Wir bieten Heimat in der gewachsenen Kultur. Wir verwurzeln Menschen, indem wir sie christlich erziehen und christlich taufen, damit sie nicht wurzellos bleiben.

Die Heimat, die wir anbieten können, das sind Geschichten. Geschichten unserer Bibel, die zugleich Geschichten unserer Kultur sind. Die Kirche hat kein geschlossenes weltanschauliches Konzept, keine Ideologie, die es durchzusetzen gälte – nein, wir haben Geschichten. Wir durchdringen die Kultur mit unseren bewährten Texten. Das Wissen um diese Texte und Geschichten schafft in einem Menschen Heimat, ohne ihn zu zwingen oder irgendwie einzugrenzen. Geschichten sind eine Macht, aber eine nicht beherrschbare. Sie sind rezeptionsoffen, schaffen durchs Weitererzählen eine herrschaftsfreie Kommunikationssituation – anders als dogmatisch geschlossene Denkgebäude – und eine offene Kommunikationsstruktur brauchen wir, wenn wir mit anderen Kulturen und Religionen im zusammenwachsenden Europa einen klugen und spannenden Dialog führen wollen.

Wir müssen unsere Geschichten freigeben aus der klerikalen Gefangenschaft, freigeben aus der Zensur, die immer nach der richtigen oder der falschen Auslegung einer biblischen Geschichte fragt. Wir müssen sie geistig und theologisch freigeben, damit die Menschen angstfrei mit unseren wunderbaren Geschichten umgehen können. Das erfordert ein Umdenken! Pfarrer und Wissenschaftler sind nicht die Hüter und Bewacher dieser Geschichten, deren Interpretation – wenn sie von so genannten Laien kommt – dann korrigiert werden muss, sondern Pfarrer und Theologen sind vielmehr ein Teil einer Erzählgemeinschaft. Sie tragen ihre Perspektive bei und alle Perspektiven auf Geschichten haben ihr Recht. Wir leben in einer Zeit, die Orientierung braucht, aber Belehrung nicht verträgt. Wir leben als Erzählgemeinschaft der Liebesgeschichten Gottes. Wir leben mit Geschichten, die aus sich selbst heraus orientieren und heilen. Wir müssen sie freigeben. Luther hat das auch gemacht. Er hat die Bibel übersetzt und damit die Geschichten freigegeben. Oder in der *sanften Revolution* in der ehemaligen DDR: *Schwerter zu Pflugscharen* wurde plötzlich Volksgut. Die Geschichten und die Texte wurden freigegeben und damit bekamen sie einen unglaublich explosiven Charakter.

Zu den geistlichen Schätzen gehört zweitens die Kompetenz zum Dialog: Unser Glaube befreit ohne Werke, das haben wir gelernt. Darum hat die evangelische Kirche immer wieder gestritten. Ein befreiter Mensch ist ein offener Mensch, er lebt nicht von der Bestätigung anderer, er muss sich nicht selbst retten. Eine befreite Kirche ist eine offene Kirche, sie lebt nicht von der Anerkennung, sie muss sich nicht selbst retten. Sie ist offen, auf den Andersdenkenden zu hören und mit ihm gemeinsam Interessen zu formulieren und Gemeinschaft zu gestalten. Die Kompetenz zum Dialog ist unser christliches Erbe und unsere Verheißung.

Wir allerdings haben uns in der Kirche – einmal ungerecht verallgemeinert – in den letzten Jahrzehnten auf uns selbst zurückgezogen. Ich habe in meiner Ausbildung als Pfarrerin immer nur gelernt, wie mit der Kerngemeinde umzugehen sei. Ich habe nicht gelernt, darauf zu achten, wie die Gemeinschaft, in der ich lebe, strukturiert ist. Ich habe nicht gelernt, dass es dringend nötig ist, in einer Gemeinde Gesprächskontakte auf allen Ebenen einer Stadt zu führen. Vielleicht sind die Kontakte in einem kleinen Ort noch selbstverständlich. Aber schon in Kleinstädten müssen Pfarrer und andere Repräsentanten der Ortsgemeinde wieder lernen, mit den Parteien, mit den kulturellen Veranstaltern, Kulturreferenten, Vereinen, den Zeitungsverlegern und Redakteuren, den kleineren und größeren Unternehmen den Dialog zu suchen. Wir haben das gesellschaftliche Protokoll verlernt, die säkularen Liturgien beherrschen wir nicht mehr. Wir gelten ein wenig als unhöfliche Kirche.

Wir sollten lernen, Rechenschaft abzulegen für das, was wir tun. Warum macht nicht eine Gemeinde jedes Jahr eine Gemeindeversammlung oder eine Pressekonferenz und legt Arbeitsziele für das kommende Jahr offen, erstattet Bericht darüber, was sie eingebracht hat für das Gemeinwesen und wo sie sich im Dialog mit anderen hat anregen lassen. Einen *negativ sich verstärkenden Regelkreis* hat die Unternehmensberatung McKinsey in den evangelischen Gemeinden Münchens diagnostiziert. Das heißt: Die immer gleichen Leute machen die immer gleichen Veranstaltungen für die immer gleichen Leute. Das ist ein treffender Ausdruck für eine Kirche, die ihre Türen verrammelt hat, aus Bequemlichkeit oder aus Angst oder einfach aus dem Gefühl, wir wollen unter uns bleiben. Luther hätte gesagt: *in se curvatus in se ipso*, das heißt: in sich selbst verkurvt. Das ist bei Luther die Beschreibung von Sünde. Denn weder Angst noch Bequemlichkeit haben mit der Freiheit von Christenmenschen irgendetwas zu tun.

Drittens sehe ich die Kompetenz zur Unterscheidung. Das Evangelium schenkt uns weiter einen Schatz, eine Gabe, die – wiederbelebt – der Kirche guttäte und in der Gesellschaft nötig ist: das Charisma der Unterscheidung, das dicht beim Charisma der Gemeindeleitung liegt, wie ich von der geistlichen Gemeindeerneuerung gelernt habe.

Wir leben in einer Zeit und in einer Welt, der die Gewichtungen fehlen. Das ist eine Entwicklung, die ihren Höhepunkt noch nicht erreicht hat: Was ist wichtig für mich und mein Leben, was unwichtig, was ist wichtig für diese Gesellschaft zu tun oder zu wissen? Die Entwicklung des Internet auf dem Nachrichtenmarkt ist ein gutes Beispiel, dass Menschen immer mehr Zugang zu immer mehr möglichem Wissen und zu immer mehr Informationen haben, aber die Gewichtung kann ihnen keiner mehr abnehmen. Die Menschen brauchen, um dies innerlich zu bewältigen, die Gabe der Unterscheidung, die mit den Augen des Evangeliums diese unübersichtlichen Zeiten betrachtet und die schlichten geistlichen Fragen immer wieder stellt: Was ist wesentlich für dein Leben, womit kannst du dein Leben bestehen und deinen Tod bestehen, was bleibt und was vergeht?

Die Kunst der Unterscheidung hilft auch bei der Suche nach Prioritäten. Alles, was den offenen Dialog von der Kirche einfordert, die Lebensnähe und die dialogische Kompetenz ihrer Repräsentanten fördert, muss in der Gemeinde oberste Priorität haben – Unterricht, Bildung, Publizistik, Seelsorge und Diakonie, Kirchenmusik. Ich glaube, dass die Wendung von der gemeindlichen Nabelschau nach *außen* dann auch den Gottesdienst verändert. Ich erinnere mich, als in St. Lukas, einer Kirche in der Münchner Innenstadt, in einem kalten Winter eines Tages der Kirchenkeller für Obdachlose geöffnet wurde. Im Nu waren zwanzig Ehrenamtliche vorhanden, die Nachtwache hielten und Wäsche wuschen. Der Gottesdienst veränderte sich grundlegend, weil diejenigen, für die man sonntags im Fürbittengebet eine Routinebitte sprach, direkt im Gottesdienst saßen und hörten, was die da redeten. Es veränderte sich der Ton, die Sprache, und der Gottesdienst nahm an Spannung zu. Man war nicht unter sich. Gott sei Dank.

Viertens möchte ich die Gabe der Orientierung nennen: Das Christentum schenkt im Umgang mit der Schrift, in Predigt und Meditation Orientierung, eine gelassene Fröhlichkeit, einen grundsätzlichen Weltoptimismus und ein ansteckendes Lachen. Man kann andere nur orientieren, wenn man selbst eine eigene Art von geistlicher Disziplin gewonnen hat. Und für Menschen, die sich zur Gemeinde gehörend halten und die Kirche im weitesten Sinn repräsentieren, sollte eine geistliche Disziplin eine Selbstverständlichkeit sein. Geistliche Orientierung als evangelische Christin heißt für mich zunächst: Ich lebe mein Leben mit offenen Händen. Offen zum Empfangen: »Was hast du, was du nicht empfangen hast?«, fragt Paulus. Alles, was du hast, als Mensch, als Gemeinde, als Kirche, hast du von Gott empfangen, nur um es weiterzugeben an andere. Leben mit offenen Händen heißt: ich lebe vom Empfangen und gebe ohne Festzuhalten weiter. Ich nehme Abschied von persönlicher Eitelkeit, nehme Abschied vom Egoismus und werde frei für die Sache und frei für die Menschen und frei für Selbsterkenntnis.

Wenn diese geistliche Haltung eingenommen ist, kann eine Kirche in der Gesellschaft orientierend wirken. Ich habe meine Zweifel, ob eine Kirche im politischen Vorbild so einfach platt wirken kann, nach dem Motto: Wir lösen unsere Arbeitsplatzprobleme besser als die anderen, weil wir die moralisch höher stehenden Menschen sind. Das ist nicht der Fall und das überfordert uns auch. Orientieren können wir wohl stärker im Umgang miteinander, wenn wir zeigen, dass wir Konflikte nicht zuschweigen, dass wir Probleme nicht verkleistern, dass wir im Namen Gottes offen und profiliert miteinander umgehen, dass wir Neid, Eifersucht und Wichtigtuereien untereinander benennen und ihnen dann höflich den Abschied geben.

Orientieren sollten wir, indem wir Themen setzen, als Gemeinde, als Kirche. Zum ersten Mal ist dies im Ansatz gelungen in der Debatte um den Buß- und Bettag oder – jetzt in Bayern – in der Frage nach dem Zusammenleben von Christen und Juden. Ein gemeinsames Thema für eine Gemeinde oder für eine Kirche bringt uns miteinander ins Gespräch, liefert Ansätze für Debatten, auch Qualitätsdebatten. Zum Beispiel beim Thema *Kirchenjahr*: Wie orientieren wir die Menschen in der Zeit? Oder das Thema *Ehe und Familie*: Wie begleiten wir Menschen in Zeiten, in denen die Biographien der Einzelnen immer weniger normiert verlaufen? Wie integrieren wir geistlich Trennung und Trauer in eine kirchliche Arbeit, die meist den Anfang von Lebensabschnitten wie jetzt in der Taufe oder in der Trauung feiert, die Ablösungen und Trennungen jedoch dann den Beratungsstellen überlässt? Trennung ist eine geistliche Aufgabe der Kirche und bedarf geistlicher Antworten. Geistliche Orientierung als Gemeinschaftsaufgabe lässt sich nur zusammen und gemeinschaftlich anstoßen. Die Orientierung in der Zeit ist eine wichtige Funktion von Religion. Wir leben in einer Welt, in der die Zeitwahrnehmung der Menschen extrem differiert. Die rasende Beschleunigung in den Managementberufen zum Beispiel oder in den Technikberufen und die immer länger gezogene Zeit des Älterwerdens und Altseins.

Kirche muss Zeit ordnen. Sie muss sich zu erkennen geben, als ein Ort der Beständigkeit: in der Präsenz, in der Verlässlichkeit der Angebote, in der Beständigkeit der Wertevermittlung, in der Verpflichtung, jederzeit ansprechbar zu sein, in der Pflege des sich wiederholenden feierlichen Rituals und – ganz wichtig, wie ich meine – in der Wiedereinführung der persönlichen Beichte als ein Standardangebot der Kirche. Kirche orientiert nicht nur in der Zeit. Sie hat Zeit. Es wird unsere Aufgabe sein, so etwas wie Zeittankstellen einzurichten, wo Menschen, die Zeit haben, ihre Zeit anbieten und anderen zur Verfügung stellen. Lebenszeiten, Arbeitszeiten, Freizeiten. Gotteszeiten. Die Orientierung in der Zeit wird die geistliche Aufgabe der Kirche im neuen Jahrtausend sein.

Das Netz der Gemeinden ist der einzige Ort in dieser Gesellschaft, der diese auf unterschiedlichen Milieu- und Zeitinseln versammelte Gesellschaft verstreben kann, der Verbindungen herstellen kann zwischen den in Zielgruppen und Werbesegmenten zerfallenden gesellschaftlichen Gruppen: die Jungen, die Alten, die Autofahrer, die Ökos, die Linken, die Rechten. Wir können orientieren durch den kleinräumigen Versuch in der Gemeinde, diese Gruppen miteinander durch verlässliche Rituale zu integrieren. Orientierung durch das Vorbild im Umgang, durch vorurteilsfreie Integration. Das brauchen die Menschen, das können – glaube ich – nur wir ihnen schenken, wenn wir wirklich aus der Rechtfertigung leben. Nicht den Bestand gilt es zu verteidigen, sondern es gilt, mit den Gaben zu wuchern. Und die unsere ist die Freiheit in Jesus Christus, die uns zu einer Kirche macht, die den anderen dient und in Nahaufnahme mit den Menschen lebt und nicht von den *Distanzierten* redet. Eine Kirche, die zusammenhütet, was sich trennen will, die Heimat schenkt in den Geschichten, die die Liebesgeschichten Gottes mit uns bergen.

Huber, Wolfgang, Prof. Dr., geb. 1942, evangelischer Bischof. Nach Studium der Theologie in Heidelberg, Göttingen und Tübingen Promotion in Tübingen (1966); dann Vikar und Pfarrer in Württemberg; 1968-1980 Mitarbeiter und stellvertretender Leiter der Forschungsstätte der Evangelischen Studiengemeinschaft in Heidelberg; 1972 Habilitation in Heidelberg; 1980 Professor für Sozialethik in Marburg; 1984 Professor für Systematische Theologie in Heidelberg; Präsident des Deutschen Evangelischen Kirchentages; seit 1994 Bischof der Evangelischen Kirche in Berlin-Brandenburg, daneben Honorarprofessor in Berlin und Heidelberg; seit 1997 Mitglied des Rates der Evangelischen Kirche in Deutschland. Zahlreiche Aufsatz- und Buchveröffentlichungen, u. a. zur Sozialgestalt von Kirche und zur Ethik, zuletzt *Gerechtigkeit und Recht*; lebt in Berlin.

Wolfgang Huber

Kirche in der Zeitenwende

Als ein amerikanischer Hubschrauberpilot sich neulich verflogen hatte, suchte er bei seiner Leitstelle über Funk nach Hilfe; darauf fragte die Leitstelle ihn: »Was siehst du denn unter dir?« Er antwortete: »Rote Dächer und die Kirche in der Mitte – red roofs and the church in the middle.«

Das ist Kirche in Deutschland in vielen, vielen Orten. Wir blikken auf eine lange, lange Tradition, in der die Kirche zum Dorf wie zur Stadt gehört, eine Tradition, die dadurch geprägt ist, dass die Kirche *in der Mitte* ist. Sie gibt Menschen das Gefühl, Maß und Mitte zu finden; sie können sich auf die Präsenz der Kirche verlassen.

Was ist heute Kirche?

Volkskirche nennt man die Form von Kirche, aus der wir kommen und in der wir beheimatet sind. Und im deutschen Nordosten, wo alles etwas rauher zugeht, hat jemand gesagt: »Volkskirche, das ist die Kirche für das Volk, das nicht zur Kirche geht.«

Ein solches Bild von Kirche ist alles andere als selbstverständlich. Es gibt Kirchen, auch evangelische Kirchen, auf diesem Globus, die nehmen nicht ab, sondern wachsen. Meine Frau und ich haben vor zwei Jahren die lutherische Kirche im Venda-Land besucht. Das ist ein zufälliges Beispiel im Norden Südafrikas. In mehreren der Dörfer wurde um das vorhandene Kirchengebäude herum ein größeres Kirchengebäude gebaut, weil das kleine Kirchengebäude die Menschen nicht mehr fassen konnte. Als das größere Gebäude fertig war, hat man dann das kleinere abgetragen und zum nächsten Dorf gefahren, wo die nächste Kirche gebaut wurde. Wachsende Kirchen, Kirchen mit vollen Gottesdiensten. Kirchen, in denen die Gemeinschaft der Generationen im Gottesdienst gefeiert wird und in denen die Kinder und Jugendlichen mindestens jedes zweite Lied bestimmen – auch das gibt es in der weltweiten Ökumene. Man darf sich nicht so sehr auf das Bild von Kirche fixieren, das uns in dem deutschen Winkel der Weltchristenheit gerade vor Augen tritt. Man darf auch die Zukunft der Kirche nicht nur von dem herleiten, was wir im Augenblick in Deutschland erleben.

Kirche in Deutschland ist eine *Kirche in der Zeitenwende* – und das nicht nur in dem augenscheinlichen Sinn angesichts des Beginns des neuen Jahrtausends. Es geht um ernsthaftere Dinge. Es geht darum, dass wir an allen Ecken spüren, wie Selbstverständlichkeiten verloren gehen. Die Jungen wissen nicht mehr, wie sie sich den Alten gegenüber verhalten sollen. Männer und Frauen wissen oft nicht mehr, wie sie ihr Leben so miteinander anlegen, dass sie es auch ein Leben lang miteinander aushalten. Was selbstverständlich war, hat seine Selbstverständlichkeit verloren. Wir erleben einen Wertewandel, bei dem wir nicht wissen, worauf das Ganze eigentlich hinausläuft. Und viele Menschen begegnen mir mit der Meinung: Angesichts dieser Zeitenwende, angesichts dieser Wende der Werthaltungen, angesichts der Tatsache, dass auch die wirtschaftliche Entwicklung die Menschen veranlasst, ihrem eigenen Egoismus Vorrang vor allem anderen zuzuerkennen – angesichts dieser Tatsachen braucht es eine Instanz, die Halt gewährt, die Werte vermittelt, die klare Orientierungen gibt. Das soll die Kirche sein. Zwar halten die Leute häufig oft auf die Kirche nicht mehr so große Stücke wie in früheren

Generationen. Aber die Erwartungen an die Kirche werden oft umso größer.

Zugleich vollzieht sich noch eine andere Zeitenwende. Ohne Zweifel war der Mauerfall die größte geschichtliche Umwälzung, die wir in Deutschland und in Europa seit dem Ende des Zweiten Weltkrieges erlebt haben. Aber haben wir verstanden, was es für Europa bedeutet, dass es in keinem Sinn mehr an Oder und Neiße aufhört und also erst recht nicht an der Elbe? Die allermeisten von uns hatten nicht mehr damit gerechnet, dass die Berliner Mauer zu ihren Lebzeiten fallen würde. Und nun leben wir schon zehn Jahre damit, dass es sie nicht mehr gibt. Trotzdem tun wir noch so, als ginge das meiste so weiter wie vorher auch. Wir haben die Zeitenwende noch nicht voll begriffen.

Von Jesus wird im Neuen Testament gesagt, dass mit ihm das Alte zu Ende gegangen ist und etwas Neues begonnen hat. Er selbst hat gepredigt: »Das Reich Gottes ist nahe herbeigekommen. Kehrt um und glaubt an das Evangelium!« Hier ist von einer Zeitenwende die Rede, in der etwas Neues dadurch beginnt, dass Jesus die nahe Gottesherrschaft, die das Leben ganz bestimmt, ins Zentrum rückt. Eine Zeitenwende ist das, die damit zu tun hat, dass Menschen neu verstehen, was der einzige Trost für sie ist im Leben wie im Sterben.

Eine der spannendsten Fragen, die sich in diesem Zusammenhang stellen, liegt darin, ob eigentlich die gegenwärtigen Zeitenwenden – die Jahrtausendwende, der Wertewandel, der deutsche Einigungsprozess – in ein verändertes Licht rücken, wenn wir sie von der Predigt der Nähe Gottes her betrachten, von der Wirklichkeit der Nähe Gottes, die für uns Christen in Kreuz und Auferstehung Jesu gegeben ist. Manche werden antworten, Zweifel seien angebracht. Das eigentlich Schwierige sei doch, dass der Glaube seine Selbstverständlichkeit verloren hat. Menschen suchen ihren Halt im Leben wie im Sterben in allen möglichen anderen Dingen, aber nicht im Glauben. Wenn wir uns in der Kirche nicht dieser Frage stellen, dann haben viele Überlegungen, die wir zu Zeitenwenden oder zur Struktur der Kirche anstellen mögen, eigentlich keinen Sinn. Denn sie haben im besten Fall doch nur eine zweitrangige Bedeutung. Dass wir das Glaubensthema neu entdecken, ist für die Kirche in der Zeitenwende das Allerwichtigste. Dass wir die Gottesfrage neu lebendig machen – darauf kommt es an.

Kann man eigentlich in Deutschland neugierig auf Kirche sein? Oder ist die Kirche für uns hierzulande eine so alte Institution, dass man auf sie nicht neugierig sein kann? Junge Leute beispielsweise haben viele Fragen, auch viele religiöse Fragen, viele Glaubensfragen, und sind davon überzeugt, dass ihre Fragen ganz neu sind. Jeder kennt dieses Gefühl aus dem eigenen Leben. Viel später erst lernen wir, dass andere diese Fragen auch schon einmal gestellt haben. Aber die Intensität des Fragens ist nur dadurch entstanden, dass wir dachten: Ich frage jetzt ganz neu – nach Gott, nach Hoffnung, danach, was Liebe ist. Wenn man denkt, man frage ganz neu, erwartet man die Antwort unter Umständen nicht von einer Institution, von der man sagt, die sei ziemlich alt. Deswegen gibt es eine Vertrauenslücke zwischen der jungen Generation und der Kirche. Eine unserer Hauptaufgaben besteht darin, jungen Leuten klarzumachen, dass die Neugierde, mit der sie auf das Leben zugehen, sich mit guten Gründen auf die Kirche und ihre Botschaft, auf den Glauben, auf das Reden von der Nähe Gottes richten darf.

Wenn man von einem solchen Gesichtspunkt aus auf unsere Kirche schaut, dann schwankt das Bild dieser Kirche. Es schwankt zwischen Aufbruch und Beharrung, zwischen Zuversicht und Resignation, zwischen Unternehmungsgeist und Lähmung.

Aufbruch: Die erst 41 Jahre alte Generalsekretärin des Deutschen Evangelischen Kirchentages, Margot Käßmann, wurde zur Landesbischöfin der zahlenmäßig größten evangelischen Landeskirche gewählt, der Evangelisch-lutherischen Kirche Hannovers. Viele haben das als ein Aufbruchssignal wahrgenommen. Eine junge Frau in einer solchen Position wäre vor einer Generation undenkbar gewesen.

Aber auf der anderen Seite Beharrung: 24 evangelische Landeskirchen, von denen manche wirklich ziemlich klein sind. Und wenn man fragt, ob Baden und Württemberg im kirchlichen Bereich besser kooperieren könnten, wird gesagt: »Nein, nein, der Unterschied ist viel zu groß!«

Zuversicht: Über 100 000 Menschen kamen in Stuttgart zum Deutschen Evangelischen Kirchentag unter der Losung: *Ihr seid das Salz der Erde* zusammen – Menschen, die ihre eigene Zuversicht aus dem christlichen Glauben schöpfen und diese Zuversicht ausstrahlen, weitergeben wollen. Der Salzberg als Pyramide vor dem Stuttgarter Schloss: Fremd, zuversichtlich, verheißungsvoll ist die Präsenz von Christen in unserer Gesellschaft.

Aber gleichzeitig Resignation: Man kommt vom Kirchentag zurück, man kommt wieder nach Hause, in der eigenen Gemeinde herrscht wieder derselbe Trott. Es verändert sich nichts.

Unternehmungsgeist: Seit Jahren schon gibt es in unserer Kirche Veranstaltungen, die den Titel tragen: *Unternehmen Kirche*. Es müsste doch möglich sein, die Kirche dazu zu bringen, zielorientiert zu arbeiten, insbesondere das Ziel ernst zu nehmen, dass das Evangelium von den Menschen verstanden wird und ihre Strukturen daran auszurichten. Es müsste doch möglich sein, dass Kundenfreundlichkeit in der Kirche nicht verboten ist, auch wenn die Kunden Mitglieder heißen. Die Kirche müsste doch imstande sein, auf die Menschen zuzugehen, anstatt nur zu warten, bis sie kommen.

Aber auf der anderen Seite Lähmung: Wie soll man Neues unternehmen, wenn das Kirchensteueraufkommen zurückgeht? Wie soll man zu Neuem imstande sein, wenn die Zahl der beruflichen Mitarbeiter in der Kirche gesenkt werden soll? Wie soll man die ökumenische Öffnung, die wir heute mehr als alles andere brauchen, zustande bringen, wenn alsbald gesagt wird, es gehe doch nicht?

Noch einmal, Unternehmungsgeist: Für das Jahr 2003 planen wir den ersten großen Ökumenischen Kirchentag in Deutschland – an Stelle eines Deutschen Evangelischen Kirchentags oder eines Katholikentags soll stattdessen gemeinsam ein ökumenischer Kirchentag in Berlin stattfinden. Viele Menschen haben sich dafür schon auf den Weg gemacht. Aber dann treten immer wieder Lähmungen dazwischen. An der Frage der gemeinsamen Abendmahlsfeier wird das besonders deutlich. Initiative und Unternehmungsgeist auf der einen Seite und Lähmung durch das, was uns überkommen ist und was wir noch immer nicht wirklich verarbeitet haben, auf der anderen Seite.

Am Reformationstag 1999 wurde in Augsburg die Gemeinsame Erklärung zwischen katholischer Kirche und den lutherischen Kirchen – also dem größeren Teil der reformatorischen Kirchen – unterzeichnet. Mit dieser *Gemeinsamen Erklärung* wurde festgestellt: Das, was uns im Reformationsjahrhundert am tiefsten auseinander gerissen hat, nämlich das Verständnis der Rechtfertigung des Menschen durch Gott, braucht uns am Beginn des 21. Jahrhunderts nicht mehr zu trennen. Bei allen schwierigen Debatten und Missverständnissen, die es darum gegeben hat, bleibt dies ein wichtiges Ereignis. Aber viele haben, wenn sie sich darüber freuen, gleichzeitig im Bewusstsein, was noch ungeklärt ist. Es bleibt das unterschiedliche Amtsverständnis. Das Fehlen einer apostolischen Sukzession und die synodale Wahl in kirchenleitende Ämter hindert katholische Gesprächspartner noch immer daran, die kirchenleitenden Ämter in der evangelischen Kirche im Vollsinn anzuerkennen. Das hat Auswirkungen auf die Frage des gemeinsamen Abendmahls.

Auf seine Weise zeigt auch dieses Beispiel, woher das zwiespältige Bild kommt, das die Kirche gerade in Deutschland heute abgibt. Aber es ist nicht richtig, das Bild der Kirche nur unter den Gesichtspunkten der Resignation, der Lähmung oder der Beharrung anzuschauen. Es gibt doch auch das andere. Es gibt den Aufbruch, es gibt die Zuversicht, es gibt den Unternehmungsgeist. Es lohnt sich, diese Seite zu stärken und weiter voranzutreiben. Es lohnt sich, Menschen dazu zu ermutigen und zu ermuntern, neugierig auf Kirche zu sein.

Es gibt zahlreiche Beispiele, die zeigen: Es ist durchaus möglich, dass die Kirche sich zu einer offenen und einladenden Kirche entwickelt. Auch in einem Land, in dem es Kirche schon lange gibt, kann man neugierig auf Kirche werden. Worauf ist man dann neugierig?

Als erstes sollten wir neugierig sein auf gefeierten Glauben. In der evangelischen Kirche sind wir da besonders spröde. Von der katholischen Schwesterkirche und von anderen Kirchen in der weltweiten Ökumene können wir in dieser Hinsicht viel lernen. Den Protestantismus bestimmte lange der Grundsatz: Es gilt nur das gesprochene Wort. Dass wir in Wahrheit einen besonderen Reichtum in unserer Kirchenmusik haben, hat man nur hinter vorgehaltener Hand hinzugefügt. Es könnte sein, dass man sich daran freut; sich zu freuen gehört sich für einen *anständigen* Protestanten nicht. Dass der Glaube auch mit sinnlicher Erfahrung zu tun hat, wird nicht reflektiert. Dass auch in der evangelischen Kirche eine ausgestaltete Liturgie, die Fähigkeit, sich liturgisch im Raum zu bewegen, ein als innerer Zusammenhang gestalteter und deswegen auch gefeierter Gottesdienst die Freude am Glauben vermehrt und deswegen Neugierde für Gott wecken kann – das steht für unsere evangelische Kirche heute als allererstes an.

In der evangelischen Kirche sind wir durch eine Selbstsäkularisierung hindurchgegangen. Nach einer verbreiteten Einschätzung leben wir in Mitteleuropa, besonders in Deutschland, in einer säkularen Gesellschaft, in der nicht mehr Religion alles bestimmt, sondern eher das Geld, die Wirtschaft, das Geschäft, die Macht. Unsere Kirche hat versucht, auf diese Entwicklung aktiv zu antworten. Den vielen Gestalten, die diese Gesellschaft annimmt, hat sie geantwortet mit ebensoviel Gestalten des kirchlichen Handelns: Kinderarbeit, Erwachsenbildung, Sozialarbeit, Diakonie, Krankenhausseelsorge und so fort. Ungeheuer erfindungsreich waren wir in den letzten drei, vier Jahrzehnten in der Entwicklung neuer kirchlicher Handlungsfelder. Innerhalb von dreißig Jahren ist die Zahl der beruflichen kirchlichen Mitarbeiterinnen und Mitarbeiter um mehr als die Hälfte gestiegen. Nur muss man zugeben: Die Bindungskraft der Kirche und die Leuchtkraft des Evangeliums sind nicht in gleichem Maße gewachsen. Das muss uns nachdenklich stimmen. Es muss uns zu der Einsicht bringen: Am prägendsten muss in der Kirche das sein, was sie zur Kirche macht. Und das ist die

Predigt des Evangeliums und die Antwort des Glaubens. Das ist die Feier des Verhältnisses zu Gott.

Neugierig auf Kirche sein heißt dann zweitens: neugierig sein auf gelebten Glauben, neugierig darauf, dass Menschen, die von diesem Glauben bewegt sind, mit ihm etwas anfangen, etwas mit ihm machen. Kirche wird als Gemeinschaft erfahrbar – nicht nur, wenn Menschen im Gottesdienst oder bei einer Abendveranstaltung nebeneinander in den Kirchenbänken sitzen, sondern auch miteinander etwas anzufangen wissen, miteinander Gemeindefeste feiern, aus der erfahrenen Gemeinschaft auch gemeinsame Aktivitäten entwickeln.

Die Partnerschaft der Kadelburger Gemeinde mit der Presbyterianischen Kirche in Ghana beeindruckt mich als ein Beispiel dafür, wie man aus der erfahrenen Gemeinschaft heraus Brücken schlagen und wie gelebter Glaube zu einem Einsatz für andere werden kann. Bei uns in Berlin und in Brandenburg spüren wir, dass der Umgang mit Fremden einen wichtigen Testfall dafür bildet, ob wir den Schritt zum gelebten Glauben tatsächlich gehen wollen, ob wir imstande sind, eigene Vorurteile kritisch zu überprüfen und mit Menschen, die uns fremd sind, anders umzugehen, als wir es um uns her leider so oft erleben.

Verantwortung für den Frieden ist leider als Thema überhaupt noch nicht überholt, wie wir am Beispiel Kosovo erleben mussten. Viele haben aus den Vorgängen im zerfallenen Jugoslawien die Folgerung gezogen, dass es Extremsituationen gibt, in denen man auch Waffen gebrauchen oder hoffentlich nur mit ihnen drohen muss. Aber entscheidend ist, dass Frieden aufgebaut, dass Versöhnung zwischen den Menschen gestiftet wird, dass Leute wieder zurückkehren können in Dörfer, aus denen sie vertrieben worden sind. Entscheidend ist also der Aufbau eines zivilen Friedensdienstes und der Einsatz für ihn. Auch das ist eine wichtige Ausdrucksform gelebten Glaubens.

Neugierig auf Kirche sein meint – drittens – auch neugierig sein auf helfenden Glauben. Es ist sicher einer der größten Aktivposten unserer Kirche, dass wir die Chance hatten, die Diakonie so auszubauen, wie es in den letzten Jahren gelungen ist. Aber zu wünschen ist, dass in dieser Diakonie deutlicher zum Leuchten kommt, inwiefern sie eine Ausdrucksform des Glaubens und nicht nur ein Beitrag zum Funktionieren des Sozial- und Wohlfahrtsstaates ist. Zu wünschen ist, dass der Zusammenhang zwischen Diakonie und Seelsorge deutlicher spürbar wird. In der Diakonie geschieht doch im Kern nichts anderes als in der Seelsorge auch: nämlich die Zuwendung zu Menschen, die Hilfe zum Leben brauchen. Menschen brauchen, so wichtig das ist, nicht nur häusliche Pflege oder Pflege im Krankenhaus, die bestimmten Pflegetakten genügt; sondern sie brauchen Zeit. Sie brauchen einen Menschen, der sich ihnen ganz zuwendet; sie brauchen die Erfahrung, dass sie als menschliche Person im Ganzen gemeint sind und nicht nur als ein Fall. Sie wollen mehr sein als »der gebrochene Arm im letzten Zimmer links.«

Neugierig auf Kirche sein meint dann viertens: neugierig sein auf verstandenen Glauben. Innerhalb der ökumenischen Gemeinschaft der Christenheit, deren Zusammengehörigkeit wir immer deutlicher spüren, ist die besondere Rolle der evangelischen Kirche und der protestantischen Gestalt des christlichen Glaubens unter anderem darin zu sehen, dass es um den verstandenen Glauben geht. Die evangelische Kirche hat es seit ihrer Entstehung vor einem halben Jahrtausend mit dem Bündnis von Glauben und Bildung zu tun. Dies ist nicht deswegen der Fall, weil nur die höher Gebildeten zur evangelischen Kirche gehören sollen, sondern weil jedem Menschen, welchen Bildungshintergrund er oder sie auch immer mitbringt, zugetraut wird und die Möglichkeit offen steht, den eigenen Glauben auch selber zu verstehen. Charakteristisch für die reformatorische Gestalt des christlichen Glaubens ist deshalb von Anfang an, dass jeder Christenmensch selber die Bibel lesen kann. Wie gut wäre es, wenn mehr Menschen dies heute noch täten. Dass es daran fehlt, erhöht nur die Verantwortung der Kirche dafür, in der Gemeinde Bildungsprozesse anzustoßen: bei Kindern, bei Jugendlichen, bei Erwachsenen. Aber nötig ist es ebenso, dass auch in den Familien wieder zu Hoffnung und Glauben erzogen wird. Zur Bildungsverantwortung der Kirche gehört auch ihr Beitrag zum öffentlichen Bildungswesen. Deshalb arbeiten wir in Brandenburg und in Berlin unerschrocken, aber auch gegen erhebliche Widerstände für einen angemessenen Ort des Religionsunterrichts in der Schule. Zu den notwendigen Wahlmöglichkeiten gehört in Berlin in vielen Schulen auch islamischer Religionsunterricht; er muss in seinen Inhalten von einer islamischen Religionsgemeinschaft verantwortet werden und kann nicht als ein staatliches Unterrichtsfach ausgestaltet werden. Eintreten muss man für die Religionsfreiheit auch für Nichtchristen – aber unter der Bedingung, dass Christen wie Nichtchristen sich an die Verfassungs- und Rechtsordnung halten, in der wir leben und weiter leben wollen.

Neugierig sein auf Kirche bedeutet schließlich fünftens: neugierig sein auf verantworteten Glauben. Bei aller ökumenischen Offenheit rede ich als evangelischer Bischof vor allem für die evangelische Kirche. Das ist eine Kirche, die sich zum Priestertum aller Glaubenden bekennt. Für die evangelische Kirche gilt, dass die gemeinsame Verantwortung aller Glieder der Gemeinde für den Weg dieser Gemeinde das eigentlich Spannende an dieser Kirche ist.

An vielen Orten stelle ich immer wieder fest, dass wir es mit der Entwicklung zur Pfarrerkirche im Protestantismus ziemlich weit haben kommen lassen. In den ländlichen Regionen Brandenburgs ist unter Umständen eine Pfarrerin oder ein Pfarrer für acht oder für zehn Dörfer verantwortlich; dann hat es mit der Pfarrerkirche natürliche Grenzen. Entweder wird diese Kirche in einen ziemlichen Schlafzustand verfallen oder sie wird das Priestertum aller Glaubenden wiederentdecken. In jedem dieser zehn Dörfer, für die eine Pfarrerin oder ein Pfarrer verantwortlich ist, leben vielleicht fünfzig Christenmenschen; soll Lebendigkeit entstehen, muss sich im Dorf selbst ein Gottesdienstkern bilden. Die Christen vor Ort müssen sich dazu bereit finden, die Kirche auch dann aufzuschließen, wenn kein Pfarrer kommt. Es muss sich jemand finden, der sich zutraut, einen Choral auch dann anzustimmen, wenn niemand die

Orgel spielen kann. Verantworteter Glaube muss heute konkrete Gestalt annehmen.

Eine kleine Schlussüberlegung: Ich bin aus der Erfahrung der letzten fünf Jahre im berlin-brandenburgischen Bischofsamt von dem Eindruck bestimmt, dass wir in Deutschland eine Kirche in missionarischer Situation sind. Über lange Zeit haben wir uns daran gewöhnt, unsere Kirche Volkskirche zu nennen. Und das bleibt auch gut, wenn damit gemeint ist, dass diese Kirche eine Kirche für alle Menschen ist, eine Kirche für das ganze Volk. Aber man darf nicht voraussetzen, dass dieses ganze Volk selbstverständlich zur Kirche oder zu einer der beiden Kirchen gehört.

In den westlichen Bundesländern waren vor fünfzig Jahren 4 Prozent der Bevölkerung nicht in einer Kirche. Innerhalb eines halben Jahrhunderts hat sich dieser Anteil verdreifacht; heute sind es 12 Prozent. In den neuen Bundesländern waren vor fünfzig Jahren 7 Prozent der Bevölkerung nicht in einer Kirche. Heute sind das 70 Prozent – also das Zehnfache. Es wäre ein Irrtum, aus diesem Zahlenvergleich zu schließen, Mission sei eine Aufgabe nur im Osten Deutschlands. Gewiss stellt sich diese Aufgabe im Osten besonders intensiv. Es gibt dafür historische Gründe, die mit der Entwicklung der DDR zusammenhängen. Trotzdem ist auch im Westen Deutschlands – aufs Ganze gesehen in größeren Städten mehr als in kleineren Orten – richtig: Der christliche Glaube hat seine Selbstverständlichkeit verloren.

Was nicht mehr selbstverständlich ist, das muss man ausdrücklich verständlich machen und den Menschen neu erklären. Das nenne ich, in einem ganz schlichten Sinn des Wortes, Mission: den christlichen Glauben neu verständlich machen und neu erklären. Das sagt auch der Missionsbefehl: Geht hin in alle Welt, erklärt den Menschen das Evangelium und macht sie zu Jüngern. Die Weitergabe des Evangeliums gilt nicht nur denen, die es ohnehin schon kennen. Eine christliche Gemeinde ist niemals nur der Verein derjenigen, die ohnehin schon dazugehören. Übrigens kann es manchmal auch langweilig werden, wenn man nur unter sich ist und sich wechselseitig beteuert, dass man ohnehin schon alles weiß. Ich rate unseren Pfarrerinnen und Pfarrern, sie sollten bei der Vorbereitung eines Gottesdienstes zusammen mit den anderen, die an diesem Gottesdienst beteiligt sind, sich an einer bestimmten Stelle auch die Frage stellen, wie es jemandem gehen wird, der zum ersten Mal in seinem Leben oder zum ersten Mal nach ganz, ganz langer Zeit, zu einem Gottesdienst kommt. Wird sie oder er irgendetwas erleben, was sie oder ihn veranlasst, noch einmal zu kommen? Die Frage ist nicht so harmlos, wie sie klingt.

Bei der missionarischen Aufgabe der Kirche ist besonders auf die missionarische Dimension des Normalen zu achten. Es geht in erster Linie nicht darum, viele zusätzliche Veranstaltungen oder Evangelisationen vorzuschlagen, um Menschen zu erreichen, die sonst nicht in die Kirche kommen. Es geht darum, dass die so genannten *normalen* Veranstaltungen so gestaltet sind, dass Menschen, die nicht ohnehin schon dazugehören, dort einen Widerhaken finden.

Schließlich: Wie sieht es eigentlich mit unserer Kirche und der Öffentlichkeit aus? Ist es nicht so, dass manche die Neigung haben, sich in die Nische zurückzuziehen? – nach dem Motto: Besser, wir sind unter uns! Soweit es überhaupt eine Diskussion über den öffentlichen Auftrag der Kirche gibt, kommen die meisten ganz schnell auf das Thema *Kirche und Politik*. Das geschieht, weil wir daran gewöhnt sind, dass in Deutschland im Blick auf die öffentliche Rolle der Kirche immer nur an das Verhältnis von Kirche und Staat gedacht wird. Für die evangelische Kirche gilt das ganz besonders, da sie vierhundert Jahre lang bis zum Jahre 1918 in gewisser Weise ein Anhängsel des Staates war. Jetzt haben wir seit achtzig Jahren eine andere Situation und trotzdem sind wir als Kirche noch weithin staatsanalog verfasst. Der wichtigste Unterschied zwischen der badischen Landeskirche und der berlin-brandenburgischen, so hat mir jemand erklärt, besteht darin, dass in der badischen Landeskirche die badische Aktenordnung gilt und in der berlin-brandenburgischen die preußische. Das mag illustrieren, was ich mit einer staatsanalogen Kirche meine.

Unsere Kirche braucht genau an dieser Stelle eine zweite Reformation. Diese zweite Reformation muss darin bestehen, dass mit genau derselben Radikalität, mit der vor einem halben Jahrtausend bei Luther der Kern des christlichen Glaubens neu entdeckt worden ist, heute auch die eigenständige Gestalt der Kirche neu entdeckt werden muss. Diese ist nicht mehr einfach staatsanalog; sondern es handelt sich um eine selbstbewusste eigene Gemeinschaftsgestalt, mit der die Kirche dann auch in der Gesellschaft erkennbar ist. Das ist eine Kirche, die aufhört, sich nur im Gegenüber zum Staat zu verstehen und stattdessen ihren Ort in der Gesellschaft, das heißt, dort, wo die Menschen leben, neu entdeckt.

Von der *Zivilgesellschaft* ist in diesem Zusammenhang oft die Rede. Das Wort will die Aufmerksamkeit darauf lenken, dass Menschen sich in der Gesellschaft selber organisieren. Sie organisieren nicht nur ihre Arbeit, verdienen Geld und geben es aus. Sondern sie organisieren auch ihre Freizeit in Vereinen und Verbänden und eben auch in der Kirche. Diesen zivilgesellschaftlichen Ort muss die Kirche selbstbewusst und eigenständig wahrnehmen.

Wenn ich in diesem Zusammenhang von einer *zweiten Reformation* spreche, verwende ich ein großes Wort. Das ist mir bewusst. Ich will damit auf die Größe des Schrittes hinweisen, den die evangelische Kirche zu vollziehen hat. Über achtzig Jahre hat sie damit seit dem Jahr 1918 gewartet. Heute wird dies ein Schritt in der Ökumene und in die Ökumene sein. Aber Ökumene bedeutet nicht, sich selbst möglichst unerkennbar zu machen – in der Meinung, dann sei man ökumenisch besonders gut. Sondern Ökumene bedeutet, die eigene Farbe einzubringen in das bunte Bild christlichen Glaubens in der Gegenwart. Gemeint ist eine zweite Reformation, in welcher der Beitrag der evangelischen Kirche zur Ökumene und damit zur Überzeugungskraft des christlichen Glaubens in der Gegenwart deutlicher erkennbar wird. Das ist mein Hoffnungsbild von Kirche. Seinetwegen sage ich: Kirche in der Zeitenwende? Ja!

Koppe, Rolf, Dr. h. c., geb. 1941, EKD-Auslandsbischof. Nach Studium der Theologie in Heidelberg, Wien und Göttingen sowie Vikariat zunächst Assistent beim Lutherischen Weltbund in Genf; danach Gemeindepfarrer in Hannover, Studieninspektor am Predigerseminar in Rotenburg, Leiter der Presse- und Informationsstelle der Ev.-Luth. Landeskirche Hannovers, Pressesprecher der EKD; Landessuperintendent der hannoverschen Landeskirche; seit 1998 Abteilungsleiter der Ökumene-Abteilung im Kirchenamt der EKD; Auslandsbischof der EKD. Zahlreiche Veröffentlichungen, u. a. das Jahrbuch *Ökumene und Auslandsarbeit*; lebt in Hannover.

Rolf Koppe

Zur Zukunft der Kirchen in Ökumene und Mission – Kehrt der religiöse Nationalismus zurück?

»Es gibt drei Hauptmenschenmassen – Wilde – zivilisierte Barbaren – Europäer. Der Europäer ist so hoch über den Deutschen wie dieser über den Sachsen – der Sachse über den Leipziger. Über ihm ist der Weltbürger. Alles Nationale, Temporelle, Locale, Individuelle lässt sich universalisieren, und … canonisieren und allgemein machen.« So skizziert Friedrich von Hardenberg, alias Novalis, seine Antwort auf die Frage, die das 18. und 19. Jahrhundert lebhaft bewegt hat: Wie lässt sich das Nationale mit dem Weltbürgertum verbinden?

Mit diesem Zitat und der anschließenden Frage beginnt der Soziologe Ulrich Beck sein Plädoyer für die Goethe-Institute in vielen Teilen der Welt, die gegenwärtig durch Sparzwänge bedroht sind.

Ich möchte in aller Begrenztheit der Analogie das Zwiebelmodell von Novalis und die Aufgaben der Goethe-Institute auf Kirchen und Religionen anwenden und die lokalen, nationalen sowie universalen Identitäten miteinander in Beziehung setzen. Nicht, um vorschnell eine nicht existierende Harmonie zu beschreiben, sondern um deutlich zu machen, was wir in Deutschland, seien wir nun evangelisch oder katholisch oder Fremde in der kirchlichen Tradition, mit den Entwicklungen und den Konflikten in der weltweiten Ökumene zu tun haben, mitdenkend, mithandelnd und mitglaubend.

Ich setze ein mit Erfahrungen, die wir vor zehn Jahren, vor dem Fall der Mauer und vor dem Zusammenbruch der Sowjetunion, gemacht haben, also mit der zweigeteilten Globalisierung der Welt durch die kommunistische Ideologie einerseits und die Idee der Demokratie und des praktischen Kapitalismus andererseits. Deutschland befand sich an der Nahtstelle beider Blöcke und war in vielerlei Hinsicht ein Brennpunkt des Interesses, gerade auch für die weltweite Ökumene.

Nach dem Zweiten Weltkrieg mit der Katastrophe durch den Nationalsozialismus ging es im Westen Deutschlands darum, die sich neu formierende Gesellschaft seitens der Kirchen aktiv mitzugestalten im öffentlichen Bildungswesen, durch die Diakonie und seit Ende der sechziger Jahre mit eigenen Beiträgen zur Entwicklungshilfe, zur Friedensethik und zur Bewahrung der Schöpfung. Die Akademien, die Kirchentage und zahllose Initiativgruppen sorgten dafür, dass die Kirchen in Bewegung blieben. In der römisch-katholischen Kirche sorgte das Zweite Vatikanische Konzil in den 60er Jahren für eine Öffnung zur Welt, brachte liturgische Erneuerung und ein Zugehen auf andere Konfessionen. Rückblickend kann man von einem dynamischen Zeitalter der westlichen und auch südlichen Ökumene sprechen, zumal die jungen Kirchen in Afrika und Asien in den neuen Staaten, die sich nach der Befreiung von den Kolonialmächten Ende der 40er und Anfang der 60er Jahre gebildet hatten, einen enormen Zulauf bekamen, selbstbewusst die Mission in die eigenen Hände nahmen und ihren Beitrag zum Aufbau der eigenen Nation leisteten.

Als ich vor genau dreißig Jahren nach dem Zweiten Theologischen Examen als Forschungsassistent beim Lutherischen Weltbund in Genf mitarbeiten durfte, war nicht nur die westliche, sondern auch die südliche Welt in Aufruhr. Die studentische Rebellion von Berkeley über Paris bis Berlin, der Kampf gegen die Militärdiktaturen in Lateinamerika und den Rassismus in Südafrika stellte auch den Bezugsrahmen für theologische und sozialethische Fragestellungen dar. *Die Pädagogik der Unterdrückten* von Paolo Freire, die Alphabetisierung der Armen mit der Bibel, die Basisbewegungen, die ihr Schicksal nicht mehr einfach hinnehmen wollten, der Optimismus, in zwanzig Jahren Armut beseitigen zu können, stimulierte auch die Kirchen- und Gemeindearbeit in Deutschland. Die ersten Partnerschaften mit südafrikanischen und indischen Gemeinden entstanden in den 70er Jahren und verbreiterten das Wissen über fremde Länder und brachten die Möglichkeit der Begegnung mit Menschen anderer Hautfarbe und dem gleichen, aber sehr unterschiedlich vermittelten christlichen Glauben. Eine enorme theoretische, aber auch praktische Solidaritätswelle bewegte sich von Norden nach Süden. Die Westdeutschen, sowieso schon geübt im Reisen, scheuten weder Kosten noch Mühe, um beispielsweise in Tanzania Ujamaa-Dörfer zu besuchen oder angepasste Technik in Form von Fahrrädern zu vermitteln. Das war auch die Zeit, in der zusätzlich zu *Brot für die Welt* der Kirchliche Entwicklungsdienst aus Kirchensteuermitteln gegründet wurde, die Agentur *Dienste in Übersee* für die Personalvermittlung entstand und sich das Evangelische Missionswerk als Dachorganisation der traditionellen Missionswerke als ökumenischer Partner zu überseeischen nationalen Kirchenräten etablierte. Überhaupt ist das Wort Partner oder Partnerschaft seit etwa 25 Jahren das Stichwort in Mission und Ökumene: Jede Landeskirche, nahezu jeder Kirchenkreis und viele einzelne Gemeinden sind seitdem Partnerschaften eingegangen – zusätzlich zur Partnerschaftsarbeit mit Landeskirchen und Gemeinden in der DDR, die ursprünglich Patenschaftsarbeit hieß.

Und damit bin ich wieder bei der Besonderheit in Deutschland nach dem Zweiten Weltkrieg bis 1989. Der Osten, weit überwiegend protestantisch geprägt und geographisch durch die Abtrennung Ostpreußens und Schlesiens auf Mitteldeutschland reduziert, war von den meisten der soeben beschriebenen Entwicklungen ausgeschlossen. Den Kirchen war es nicht erlaubt, auf breiter Basis eine aktive ökumenische Rolle zu übernehmen. Ängstlich reagierte der Staat auch auf ökumenische Besucher. Trotzdem wurde z. B. die Tagung des Zentralausschusses des Ökumenischen Rates der Kirchen 1981 in Dresden zu einem lange nachwirkenden Ereignis so wie die aktive Teilnahme von Delegierten aus dem Bund Evangelischer Kirchen in der DDR an der Vollversammlung des ÖRK 1983 in Vancouver oder an der Ersten Ökumenischen Versammlung 1989 in Basel. Christen und Kirchen in der DDR wurden zu einer profilierten Minderheit mit Hoffnung und weltweit sowohl von denen, die den Kommunismus bekämpften als auch von denen, die mit dem Sozialismus sympathisierten, jeweils als vermeintliche Avantgardisten der eigenen Ziele aufmerksam beobachtet. Heute wissen wir auch im Westen genauer, wie groß der Schrumpfungsprozess der Kirchen und Gemeinden war und wie schwer es ist, in Schule, Beruf und Gemeinde christliches Wissen zu vermitteln und eingefleischte Atheisten vom Glauben zu überzeugen. Die Säkularisierung ist hier besonders weit fortgeschritten und es ist eine offene Frage, inwieweit diese Entwicklung auch im Westen um sich greift oder ob es nach der *Entzauberung der Welt* durch das moderne wissenschaftliche Denken eine allgemeine Gegenbewegung gibt, die dem Glauben oder wenigstens dem Wissen über die christliche Tradition Rückenstärkung gibt.

Auf der Synode der EKD in Leipzig im Herbst 1999, die das Schwerpunktthema *Mission und Evangelisation* hatte, hat der Tübinger systematische Theologe Eberhard Jüngel gesagt: »Es liegt ja offen zutage, dass die deutsche Christenheit vor einer missionarischen Herausforderung steht, wie sie größer kaum gedacht werden kann.« Er hat auf die Lücke in der Lehre von der Kirche aufmerksam gemacht, die entstanden ist, weil sie allzu einseitig auf das Einatmen geachtet hat, also auf die Sammlung um Gottes Wort und um den Tisch des Herrn, und nicht auf das Ausatmen, auf die Mission, in der die Kirche Jesu Christi über sich selbst hinausgeht.

Jüngel ist auch auf die missverständliche Praxis der Mission eingegangen, besonders durch die schematische Gegenüberstellung von Kindern des Lichts und Kindern der Finsternis, so dass Evangelisation auf Indoktrination hinauszulaufen droht. Dagegen hat er auf den Apostel Paulus verwiesen, der sich als Bittender an die Welt wendet, wenn er sie auf das Evangelium anspricht. Was die äußere Mission betrifft, so habe sie Menschen in anderen Weltgegenden häufig zugemutet, ihrerseits den Europäern ein Europäer zu werden. Europäische Zivilisation und Evangelisierung wurde allzu sehr in der Missionsarbeit gleichgesetzt. Andererseits seien nicht wenige Politiker aus einst missionierten Ländern für die Grundlegung des Bildungs- und Gesundheitssystems dankbar. Die Mission der Zukunft werde im übrigen ökumenisch orientiert sein müssen oder sie werde überhaupt nicht mehr sein.

In Abwandlung des Zitats von Novalis vom Anfang möchte ich jetzt versuchsweise so formulieren: »Es gibt drei Hauptkonfessionen – Orthodoxe, Katholiken und Protestanten. Die Orthodoxen sind so hoch über den Katholiken wie diese über den Protestanten – der Anglikaner über den Lutheraner. Über ihnen ist aber der Christenmensch. Alles Konfessionelle lässt sich universalisieren.« – Man merkt auf Anhieb, dass dieses Modell nicht so einfach funktionieren kann. Einmal, weil im kirchlichen Bereich die institutionellen Formen des Christentums viel stärker ausgeprägt und in der Tradition verankert sind als im kulturellen Bereich und dann, weil es keine Entsprechung zum Weltbürgertum im goetheschen Sinn im Christentum gibt. Jeder Christ, jede Christin ist ein Teil am Leib Christi, der, wenn er nicht rein idealistisch vergeistigt gedacht wird, zu einer partikular verfassten Kirche gehört und damit eine kirchliche Existenzform in Zeit und Raum einnimmt. Selbst in unserer universellen Epoche ist zwischen den Kirchen allenfalls eine versöhnte Verschiedenheit erreicht oder eine Einheit in der Vielfalt. Das ist jedenfalls das bisherige Ergebnis der 50-jährigen ökumenischen Bewegung, die im Ökumenischen Rat der Kirchen ihre verbindlichste Gestalt gefunden hat. Auch die Feststellung von Gemeinsamkeiten zwischen Katholiken und Lutheranern am 31. Oktober 1999, die in Augsburg feierlich unterzeichnet worden ist, macht da keine Ausnahme.

Dennoch ist die Frage, wie sich das Konfessionelle mit dem Universalkirchlichen angesichts der gemeinsamen Aufgabe der Mission verbinden lässt, nicht erledigt. Ich empfinde es als schwerwiegenden Rückschritt, wenn sich Orthodoxe mit Katholiken seit der Wende darüber streiten, welche Kirchengebäude in der Ukraine, in Rumänien oder in Estland zu wem gehören oder wenn es zwischen Protestanten und Katholiken in Nordirland nach 30 Jahren noch nicht gelungen ist, ein gemeinsames christliches Zeugnis abzulegen und der Versöhnung Raum zu geben – wie es zwischen Franzosen und Deutschen, Deutschen und Polen sowie Tschechen und Deutschen geschehen ist. Die Kirchen haben in diesen Verständigungsprozessen eine nicht unwesentliche Rolle gespielt. Vielleicht war das nur möglich, weil wir als Christen mitgeholfen haben, die nationale Frage zu relativieren, und besonders aus der schrecklichen Erfahrung zweier Weltkriege Konsequenzen gezogen haben. Jedenfalls müssen Christen und Kirchen in Deutschland im ökumenischen Zusammenhang handeln, über den nationalen Horizont hinausdenken und sowohl Europa als auch die ganze Welt mit einbeziehen. Denn ihrem Wesen nach sprengt die Kirche jede ethnische, rassische oder nationale Beschränkung. Das haben wir, denke ich, in diesem Jahrhundert gelernt.

Umso fassungsloser waren die meisten von uns, als nach der Wende in Ost- und Südeuropa der Krieg in Bosnien ausbrach und berichtet wurde, dass sowohl die serbisch-orthodoxe Kirche als auch die katholische Kirche in Kroatien bei den ethnischen Säuberungen Legitimationshilfen aus nationalen Gründen lieferte. Ich konnte es jedenfalls lange Zeit nicht glauben, dass der serbische Anführer Karadzic kirchliche Unterstützung für sein Ziel bekam, Muslime und Kroaten zu vertreiben. In einem Brief an den Patriarchen Pavle habe ich 1994 geschrieben, dass ein Religionskrieg immer ein Krieg gegen die Religion ist, und gefragt, ob es stimme, dass die

Kirche die Interessen des Volkes über das Recht einer Minderheit auf Leben stelle. In dem Antwortbrief wurde das verneint, aber im direkten Gespräch in Belgrad haben wir gemerkt, wie unterschiedlich die Auffassungen über die Menschenrechte waren. Im Kosovokrieg hat sich die serbisch-orthodoxe Kirche merklich zurückgehalten und sich danach deutlich von Milosevic distanziert. Zu spät, zu zögerlich, wie ich meine, aber nicht ohne Wirkung auf den Fortgang der Dinge, wie ich hoffe.

Dürfen wir als Deutsche so über und mit unseren ökumenischen Partnern reden? Ich meine ja. Wir müssen es, wenn wir von außen ein Unglück kommen sehen. Und natürlich versuchen wir auch jetzt zu helfen – humanitär, seelisch und leiblich aufbauend, nicht verurteilend. Ich könnte sehr lange erzählen, was wir vonseiten der EKD bisher getan haben. Aber verantworten vor Gott und den Menschen muss jeder Christ und jede Kirche selbst, was sie getan oder unterlassen hat. Gott sei es geklagt, dass oft so bittere Erfahrungen gemacht werden müssen!

Erleben wir am Ende dieses schrecklichen Jahrhunderts die Rückkehr des religiösen Nationalismus und damit die Ungleichzeitigkeit von Fortschritten im Zusammenleben der Konfessionen einerseits und von Rückschritten beim Respektieren elementarster Rechte von Menschen in der Nachbarschaft? Das ist nicht nur eine Frage, die die christliche Ökumene betrifft, sondern auch die Ökumene zwischen Religionen. Novalis konnte noch eine Stufenleiter der Zivilisation aufstellen: vom Wilden über die zivilisierten Barbaren bis hin zu den Europäern. Dieses Bild ist längst zerbrochen, seitdem Europäer Wilde geworden sind und sich nicht einmal wie zivilisierte Barbaren verhalten haben, das nationalsozialistische Deutschland an der Spitze, gefolgt von der stalinistischen Sowjetunion bis hin zu einem durch Milosevic geführten Serbien.

Der englische Soziologe Anthony Giddens, Professor am King's College in Cambridge, hat auf die Frage, was es denn heiße, als erste Generation in einer kosmopolitischen Welt zu leben, geantwortet: »Wir stehen heute an der Schwelle zum globalen Zeitalter, weg von der im Westen entstandenen und vorangetriebenen Moderne. ... In einer nachtraditionellen Welt können wir uns nicht mehr auf überkommene Traditionen berufen. Heute stehen sich alle Lebensweisen in Konkurrenz gegenüber und müssen sich im globalen Diskurs rechtfertigen ...

Giddens bezeichnet sich als bürgerlich-radikalen Denker, der die Verbindung von ökologischen Zielen mit einem Mindestmaß an sozialer Gerechtigkeit sucht. Obwohl sich potentiell jeder für alles entscheiden kann, bleiben bestimmte gemeinsame Interessen: »Wer will schon in einer Gesellschaft leben, in der Kriminalität grassiert, die Städte zerfallen und am Verkehr ersticken?« Das ist sozusagen ein Minimalprogramm für das Gemeinwesen, das es aufrechtzuerhalten gilt, selbstverständlich auf demokratische Weise gewonnen und mit dem Optimismus formuliert, dass »die Leute sich viel rationaler benehmen, als Politiker und Sozialwissenschaftler ihnen gemeinhin zutrauen«.

Samuel Huntington, Professor an der Harvard Universität für strategische Studien, sagt in seinem Buch über den Zusammenprall der Zivilisationen zu Recht: »Der Westen ist gefordert, eine profunde Kenntnis der religiösen und philosophischen Grundlagen der anderen Zivilisation zu erwerben, um die Weltsicht der Menschen dieser Zivilisation besser zu verstehen ... Für die absehbare Zukunft wird es keine universelle Zivilisation geben, dafür aber eine Vielfalt untereinander rivalisierender Zivilisationen ... Jede von ihnen muss lernen, wie sie mit den anderen koexistieren kann«. Für Huntington wird die Welt künftig hauptsächlich durch die Wechselbeziehungen zwischen sieben oder acht großen Kulturen geprägt: die westliche, die islamische, die chinesische, die japanische, die hinduistische, die slawisch-orthodoxe, die lateinamerikanische und möglicherweise die afrikanische. Die Fronten zwischen diesen Kulturen ersetzen die ideologischen Grenzlinien des Kalten Krieges als Brennpunkte für Krisen und Blutvergiessen.

Bassam Tibi, der mit Huntington in einem freundschaftlich-kritischen Gespräch ist, zitiert aktuelle Positionen von Islamisten: »Der

Weltfrieden ist nicht vollständig gesichert, solange nicht alle Menschen unter dem Schutz eines islamischen Staats leben … Ein Gebot für Muslime zu kämpfen, um die Grenzen des islamischen Territoriums zu erweitern … Gewalt ist ein mögliches und nützliches Mittel, um das Territorium des Islam zu erweitern, und daher ein Instrument zur Erlangung des Friedens.« Tibi macht sich etwas lustig über Gespräche zwischen islamischen Fundamentalisten und Friedensforschern in evangelischen Akademien, bei denen unterstellt wird, dass *alle Menschen Brüder* seien und die protestantische Weltfrömmigkeit allen Menschen auf Erden gemeinsam sei. Zwar möchte er auch Brücken über die europäische Aufklärung, die Vernunft also, und einen lernbereiten Islam schlagen, aber er sieht die Realität der politischen und politisierenden Religion, die keineswegs vom Individuum, sondern vom Ganzen aus denkt und handelt. Eine kulturübergreifende universelle Ethik der Menschenrechte fehle bisher und lasse sich nicht mit einer Gesinnungsethik herbeireden.

Im Horizont des biblischen Zeugnisses, wonach jeder Mensch ein Geschöpf Gottes ist und von Gott bejaht wird, sind alle politischen Entscheidungen auf das Wohl des einzelnen Menschen zu beziehen und als *Weltinnenpolitik* zu begreifen, der die nationalen Interessen zugeordnet werden müssen. In diesem Horizont sind Volk, Nation, Staat, auch supranationale Gemeinschaften und internationale Organisationen wie die Europäische Union und die Vereinten Nationen besondere Verantwortungsbereiche für das Zusammenleben der Menschen. Die Menschen in unserer enger werdenden *Einen Welt* brauchen das fruchtbare Wechselspiel von gewachsener Identität und Verständigungsfähigkeit. Und nahezu alle Themen, die in Brüssel auf der Tagesordnung stehen, wie z. B. Gentechnologie, Umweltschutz, Informationsgesellschaft oder die wirtschaftliche und soziale Lage, sind auch in Russland oder Lettland relevant.

Gottes Gebote haben ihre Geltung nicht nur für Einzelne, sondern auch für Völker, Nationen und Staaten. Auch das Völkerrecht und die Menschenrechte sind an diesen Geboten zu messen. In diesem ethischen Horizont, nicht etwa mit einem religiös begründeten Rechtsanspruch auf Volkszugehörigkeit und ganz bestimmte Landesgrenzen, sind das Recht auf Heimat, das Unrecht von Vertreibungen und das Verbrechen sogenannter *ethnischer Säuberungen*, die Rechte von Minderheiten und das Unrecht von Unterdrückungen zu beurteilen.

Persönlich sehe ich die nächsten 30 Jahre als Periode des Übergangs von den Resten des Kalten Krieges – mit seinen Schäden im Osten, aber auch im Westen – zu vertrauensbildenden Maßnahmen und zu neuen Zielen im wirtschaftlichen, sicherheitspolitischen und kulturellen Bereich, aber auch, was die Beziehungen zwischen den orthodoxen und den westlichen Kirchen betrifft, als eine Zeit neuer Spannungen. Die gegenwärtige Krise der ökumenischen Bewegung auf Weltebene, in der alte Gegensätze der Lehre und ethischer Verhaltensweisen zwischen Protestanten und Orthodoxen neu aufbrechen, wird nicht ohne Rückwirkungen auf die ganze Region Europa bleiben.

Es ist und bleibt Sache der Christen, den Geist Europas in den Bereichen von Ethik, Kultur, Bildung, Politik und Wirtschaft mitzugestalten und selbstverständlich durch Predigt und Unterweisung, durch den missionarischen Auftrag, zur Versöhnung mit Gott aufzurufen, wie Paulus es im 2. Korintherbrief 5, 20 tut: »Lasst euch versöhnen mit Gott«, denn »Gott war in Christus und versöhnte die Welt mit sich selber«. Oder durch die Ermutigung zu einem gemeinsamen Leben mit früheren Widersachern nach Matthäus 5, 23: »Wenn du deine Gabe auf dem Altar opferst …, geh erst hin und versöhne dich mit deinem Bruder«.

Kuhn, Johannes, geb. 1922, Rundfunkpfarrer. Gemeindepfarramt und Jugendpfarramt in Bremerhaven; 1978-1987 Fernsehpfarrer in der ZDF-Sendereihe *Pfarrer Johannes Kuhn antwortet*; 1961-1989 Rundfunkbeauftragter der württembergischen Landeskirche; erhielt durch seine live gesendeten Ansprachen im morgendlichen *Geistlichen Wort* des Süddeutschen Rundfunks (SDR) den Beinamen *Mister fünf vor sieben*. Zahlreiche Aufsatz- und Buchveröffentlichungen, zuletzt *So war's – mein Leben*; lebt bei Stuttgart.

Johannes Kuhn

Wendezeit – Endzeit – Hoffnungszeit

Bei dem Stichwort *Kirche um das Jahr 2000* hat jeder von uns unterschiedliche Empfindungen. Mancher von uns fragt sich: Wie war das eigentlich vor 1000 Jahren? Damals vor dem Jahr 1000 gab es eine Zäsur. Man hat bei jener Jahrtausendwende erwartet, dass die Welt aufhört zu bestehen und konnte sich sogar auf ein Wort von Augustin berufen: »1000 Jahre nach der Geburt Jesu wird die Welt zu Ende sein.« Wie haben die Leute reagiert? Sie haben damals, in der Überzeugung, sich für diesen Tag rüsten zu müssen, alles beiseite gelegt. Es wurde nicht mehr gearbeitet. Es wurden keine Felder mehr bestellt. Es wurden Wallfahrten angesetzt. Jeder versuchte, sich dem Tag gegenüber gleichsam annähernd zu bewegen. Man hat Schulden erlassen und hat Versöhnung ausgesprochen. Man wollte dem Anbruch des ganz Neuen und dem Aufhören des Alten mit einer großen Offenheit und mit einer entsprechenden Verantwortung begegnen. Und dann geschah nichts.

Nun könnte man sagen: »Wir haben uns getäuscht, also können wir jetzt wieder so weitermachen wie vorher.« Aber merkwürdigerweise hat diese Zeit um das Jahr 1000 bei vielen einen intensiven Eindruck hinterlassen. Es hat eine Weile gedauert, bis die Konzentration auf die Jahrtausendwende abgeschwellt war. Es entstand dann die merkwürdige Idee: Offenbar sind nicht tausend Jahre nach Christi Geburt, sondern tausend Jahre nach seinem Tod gemeint. Also hat man um das Jahr 1033 noch einmal so eine Konzentration auf das, was kommen könnte, erlebt. In die Zeit fiel ein großes Erdbeben und auch eine Sonnenfinsternis. Beides waren Ereignisse, die in der damaligen Welt in besonderer Weise als Zeichen des Himmels gedeutet wurden und das Gefühl verstärkten, es endet etwas.

Jetzt, tausend Jahre später, leben wir um das Jahr 2000. Ich habe diese Zeit *Wendezeit, Endzeit, Hoffnungszeit* genannt. Viele Fantasien, mancherlei Trotzhaltungen und manche Ängste gibt es sowie viele, die sich in sektiererischen Gruppen sammeln und sich mit einer besonderen Intensität auf das Ende, den Tag, an dem das große Gericht hereinbricht, rüsten. Es gibt so etwas wie ein apokalyptisches Lebensgefühl und das Stichwort Apokalypse spielt auf unterschiedlichen Ebenen eine Rolle. Merkwürdig ist: Während man dies alles vor tausend Jahren in Zusammenhang mit Gott gebracht hat, bringt man heute alles in den Zusammenhang mit der Sorge um die technische Perfektion unserer durchorganisierten Gesellschaft.

Natürlich ist das Jahr 2000 eine Schwelle. Schwellen haben es an sich, dass sie uns nachdenklich werden lassen. Auf welche Weise können wir unsere Schwellenangst überwinden? Was haben wir denn eigentlich als Bilanz vorzuweisen? Die Machbarkeit fast aller Dinge und die Machtvollkommenheit des Menschen haben für uns erschreckende Dimensionen angenommen, vom Klonen angefangen bis hin zu den Versuchen, den Menschen zu optimieren. Diese Übermacht des Könnens und des Denkens gibt uns an der Schwelle des 3. Jahrtausends doch zu denken.

Wir bringen uns mit in dieses neue Jahrtausend. Bei dem vielen, was uns dabei beschäftigt, geht es einem wie jemandem, der nach einem langen Weg auf ein Hochplateau kommt. Nach allen Seiten kann man sich entscheiden. Man spricht in der Psychologie davon, dass manche unter uns in eine *Entscheidungsneurose* hineingeraten. Sie wissen nicht mehr, wohin und wie und auf welchem Weg und mit wem überhaupt und wem nach? Was fehlt uns? Was brauchen wir? Vielleicht ist die Zeit gekommen, dass wir in der Bibel Orientierung finden. Welcher *Polarstern* als Orientierung leitet uns auf dieser Hochebene in den Jahren nach der Jahrtausendschwelle und wohin? Verstehen wir die Zeichen der Zeit richtig zu deuten oder hängen wir uns an die Zeichen des Zeitlichen? Das ist ein großer Unterschied. Das Zeitliche hat immer mit Anpassung zu tun, von der Mode angefangen bis hin zur Gedankenwelt. Man muss umgehen lernen mit einer Welt, in der viele unter uns heute auf eine entscheidungsneurotische Weise leben.

Die Bibel redet oft von den Zeichen der Zeit – da werden Katastrophen aller Art aufgezählt. Auch wir kennen Katastrophen aller Art: Da und dort Überschwemmungen, da und dort Explosionen, da und dort Atomwerke, die nicht mehr so funktionieren wie sie sollen, da und dort Orkane. Sind wir diesen Zeichen der Zeit gegenüber offen oder verdrängen wir sie? Wir kriegen über das Fernsehen alles aus aller Welt mit, aber sowie die Sendung zu Ende ist, ist das dann auch zu Ende. Aber es ist nicht zu Ende. Das Zeitliche geht zwar zu Ende, aber die Zeit, die sich Zeichen setzt, die geht nicht zu Ende.

An der Schwelle des 3. Jahrtausends taucht verstärkt die Frage nach dem Eigentlichen auf. Was ist das, was nur die Kirche hat und die anderen nicht? Könnte das zum Beispiel bedeuten, dass wir einen Satz aus dem Hebräerbrief deutlicher zu leben und weiterzugeben haben: »Jesus Christus gestern und heute und derselbe auch in Ewigkeit«? Bedeutet das, dass wir dem, dem wir vor zwanzig Jahren trauten, nicht auch nach dem Jahre 2000 trauen sollen? In der Welt mit vielen Katastrophen, in der wir leben, kann man auch sagen: Kommt, vergesst nicht neben allen Prognosen über eine schwarz ausgemalte Zukunft etwas von dem weiterzusagen, was in einer der größten Katastrophen in der Menschheitsgeschichte bewahrt worden ist: die Zusage Gottes, es solle nicht aufhören Frost und Hitze,

Sommer und Winter, Saat und Ernte, Tag und Nacht. Das steht in der Bibel ganz weit vorne und hat angesichts solcher Zustände, wie wir sie um uns herum haben, ein eigenes, neu zu entdeckendes Gewicht. Denn es ist nach einer ganz großen Katastrophe gesagt worden, die im Bewusstsein des Menschen gegenwärtig blieb. C. G. Jung hat einmal von dem *Kollektiv des Unbewussten* gesprochen, das wir in uns tragen und das sich immer wieder an bestimmten Zeitschwellen äußert, so wie jetzt um das Jahr 2000. Man hat sich darüber beklagt, dass in amerikanischen intellektuellen Kreisen oder auch an den Universitäten eine Schule des Ressentiments gezüchtet wird, in der die Studierenden die Entrüstung über soziales Unrecht ebenso verlernen wie sie jenen Schuss Zuversicht verlieren, den wir nötig hätten, um politisch aktiv zu sein.

Kann man eigentlich einer solchen Zeitschwelle anders begegnen als mit einem solchen Schuss Zuversicht? So sehr die heutige Zeit in mancher Augen Endzeit und in unser aller Augen eine Wendezeit ist, so sehr ist sie auch Hoffnungszeit. Was hoffen wir eigentlich? Hoffnung ist Sauerstoff für die Seele. Hoffnung ist ein Urgrund für das, was lebensfähig macht. Ich habe manchmal bei meiner Fernsehsendung erlebt, dass jemand nachts anruft – um drei, halb vier – und einem dann am Telefon sagt: »Herr Pfarrer, ich habe mich aufgegeben. Ich habe für mich keine Hoffnung mehr. Ich bin nahe dran, Schluss zu machen.« Ich habe dann versucht, ihn mit dieser Hoffnung vertraut zu machen, die dem Leben eine Chance geben will und die etwas, was noch nicht ist, sein lässt, etwas, was werden will, jetzt schon im Vorentwurf gegenwärtig macht. Jetzt schon – Hoffnung. Sie ist im Grunde wie der Blick aus einem Fenster auf einen hellen Hof. Sie ist wie eine ausgestreckte Hand, die einen ermutigt, aufzustehen. Sie ist wie eine Art Zärtlichkeit, die einen die Tränen, die Angst, aus dem Gesicht wischt. Und sie ist immer sehr viel mehr. In der Bibel heißt es, dass Gott uns »wach gemacht hat zu einer lebendigen Hoffnung durch die Auferstehung Jesu Christi von den Toten«. Das ist das Maß, der Blickwinkel für das Morgen und für das Übermorgen. Gottes Güte ist alle Morgen neu. Dabei ist Morgen eine Summe von Zeit. Und in der Summe von Zeit hat die Kirche Zeit, die Gott ihr gibt, anderen den Mut wieder aufzufrischen; die Lebendigkeit einer Hoffnung zu erweisen; die Notwendigkeit einer Bilanz zu vermitteln, aus der heraus jedem im Gegenüber zu Gott ein Zeitmaß angegeben wird, bei dem es zwei Dinge gibt: Zeit, die nicht mehr nur nach dem Zeiger der Uhr, sondern nach der Wärme des Herzens gemessen wird. Und dann Zeit verstanden als das Kostbarste unseres Lebens, egal wie jung oder wie alt wir sein mögen. Es gibt den schönen Satz: »Wo Gott einen Menschen ausgesät hat, dort soll er blühen.« Jeder unter uns gleicht einem Saatkorn, das Gott zu seiner Zeit in seinen Acker Erde eingepflanzt hat. Saatkorn, nicht Sandkorn – nicht das, was aus einem wird, wenn der Zeitgeist und das Zeitliche einen hin- und herjagt. Dort, wo Gott mich ausgesät hat, soll ich blühen. Sein Leben so zu verstehen heißt, etwas davon zu begreifen, wie Gott uns begnadet hat. Selbst dort, wo uns Großes gelingt, leben wir eigentlich aus der Gnade, die er uns geschenkt hat.

Wir haben in der Bibel ein Buch, das sich in besonderer Weise mit dem, was Gott mit uns vorhat, beschäftigt: das Buch der Offenbarung. Die Offenbarung entwirft die Zukunft mit solchen Bildern, Signalen und Symbolen, dass wir kaum alles verstehen. Es wird in diesem Buch gesagt, wie es sich mit der Wirklichkeit der Welt und den Menschen und mit der Wahrheit Gottes und dem Gottesreich verhält. Es geht um eine Entschleierung des Verborgenen. Ist uns, der Christenheit, anderes anvertraut, als dass wir Zukunft haben? Eingebunden sind wir in die Zeit, aber eingebunden auch in die Hoffnungsgeschichten, in denen Gott in der Zeit etwas geschehen lässt, das uns hoffen heißt. Damals hat man mit dieser Offenbarung versucht, sich gegenseitig zu ermutigen und zu trösten. Damals hat man versucht, in der Zahlenmystik und in den Zahlensystemen etwas von der Hoffnung und der Zuversicht unterzubringen. So ist zum Beispiel 2 die Zahl des Menschen – wir denken an Mann und Frau. 4 ist die Zahl der Erde – wir denken an den Kompass mit seinen Himmelsrichtungen. 12 ist die Zahl des Vollendeten – wir denken an die Jüngerzahl am Anfang. Zahlen haben ihre Bedeutung bis zu der Zahl 1, im hebräischen Alphabet der erste Buchstabe Aleph, die für Gott steht: Gott, der Ursprüngliche, der Anfang, der Schöpferische, Unteilbare, einzigartig und Einheit in Person. Es mag sein, dass gegenüber diesen Offenbarungstexten uns manches Mal der Realismus der Alltagsgeschichten hindert, über diesen Entwurf nachzudenken. Vielleicht kommt uns Albert Camus entgegen, wenn er sagt: »Jede Generation sieht zweifellos ihre Aufgabe darin, die Welt neu zu erbauen. Meine Generation jedoch weiß, dass sie nicht neu erbauen wird. Aber vielleicht fällt ihr eine größere Aufgabe zu. Sie besteht darin, den Zerfall der Welt zu verhindern.« Welch eine Zukunftsperspektive – den Zerfall zu verhindern. Wenn wir diesen Entwurf der Zukunft unserer Welt weiterdenken, muss man dann nicht reden von dem, der da kommt als von einem, vor dem man sich nicht fürchten muss? Er kommt nicht als der *große Kaputtmacher*, sondern als der, von dem es heißt: »Siehe, ich mache alles neu!«

Hat Kirche um das Jahr 2000 nicht genau den Auftrag, diese Perspektive durch den Mut des Glaubens, durch Zuversicht und Dankbarkeit denen zu bezeugen, die um uns herum irritiert und durcheinander sind? Es ist wahr: Der Welt wird ein Ende bereitet und dieses Ende ist ein Werk des Schöpfers und nicht eines Chaoten. Das Ende, das Gott unserer Welt bereitet, ist ein schöpferisches Ende. Das Ende, das wir der Welt zu bereiten uns anstellen, haben wir oft destruktiv genug vor Augen: Lebensbehinderung, Lebensverweigerung, Lebensverkümmerung. Gott erwartet uns nicht nur am Ende, sondern geht den Weg mit in die Vollendung hinein. Christen aller Zeiten haben die Zukunft Gottes mit unserer Welt beschrieben, wobei die christliche Hoffnung das hiesige Leben nicht entleert zu einem Dasein mit halbem Herzen. Denn sie ist nicht zuerst die Erwartung des Endes der Welt, sondern sie ist die Erwartung eines neuen Anfangs. Immanuel Kant hat einmal von den Christen, die immer so viel vom Ende der Welt geredet haben, gesagt, das wäre so etwas wie *christlicher Terrorismus*. In der Geschichte der Kirche hat es dies gegeben, dass Menschen Angst gemacht wurde, um sie fremdbestimmen zu können. Die christliche Hoffnung jedoch zielt auf den wiederkommenden Christus, der sagt: »Ich bin der Erste, ich bin der Letzte, ich bin der Lebendige, ich habe Macht über den Tod. Und siehe, ich mache alles neu!« Das ist unsere Zukunft. Bei allem Vorläufigen liegt das Endgültige bei dem, der uns verändert und der unserem Leben eine Zukunft gibt. Wir haben eine und können uns gegenseitig zusprechen: Wir heißen euch hoffen!

Lüdemann, Gerd, Prof. Dr., geb. 1947, Professor. Nach Studium der Theologie Assistent für Neues Testament in Göttingen; Promotion (1974) und Habilitation (1977); Lehrtätigkeit an amerikanischen Universitäten; seit 1983 Professor für Neues Testament in Göttingen; 1998 öffentliche Lossagung vom Christentum und Ablehnung zentraler Glaubensinhalte der Bibel sowie von Lehre und Bekenntnis der Evangelisch-lutherischen Kirche; seither mehrere Disziplinarverfahren gegen ihn, die ihn als *evangelischen Ketzer* bekannt machten; seit 1999 Inhaber des eigens für ihn geschaffenen Lehrstuhls *Geschichte und Literatur des frühen Christentums*. Zahlreiche Veröffentlichungen von Fachaufsätzen und Büchern, u. a. *Ketzer* und *Der große Betrug*; lebt in Göttingen.

Gerd Lüdemann

Vom Glauben zur Erkenntnis. Der Beitrag Jesu zum kosmischen Bewusstsein

Als neubekehrter Christ habe ich stündlich voller Sehnsucht auf Jesu Ankunft vom Himmel gewartet. Der Glaube an meinen Heiland, der für meine Sünden litt und von den Toten auferweckt wurde, bildete den Mittelpunkt meines Lebens. Die Bibel war eine tägliche Inspirationsquelle für neue Einsichten und enthielt zugleich alle nötigen Verhaltensregeln. Vor allem offenbarte sie mir, dass mich der Herr erwählt und der verlorenen Menschheit durch seinen blutigen Tod entrissen hatte. Das Bild des Henkers stand oft vor meinen Augen. Es brannte in mein Herz die Vorstellung eines Gottes ein, der strafen muss, weil er liebt, der droht, weil er helfen will und ausrottet, um sein Reich zu errichten. Bis heute klingt in meinen Ohren das Wort, das bei jeder Kindertaufe damals auf uns niedergeschmettert wurde: »Wer da glaubet und getauft wird, der wird selig werden, wer aber nicht glaubet, der wird verdammet werden.«

Aufgeklärte liberale Christen, die mir bei meinen religiösen Kämpfen helfen wollten, sagten schon damals, was meine späteren theologischen Lehrer nur wiederholten: Du darfst die Bibel gar nicht wörtlich verstehen. Diese Art, die Heilige Schrift zu lesen, sei überholt durch die Entdeckung, dass die Texte in eine ganz bestimmte Zeit gehören und daher nicht ohne weiteres in unsere übertragen werden können. Doch merkte ich schon damals: In vielen Fällen führt dieser Ansatz gerade zum Gegenteil der in der Bibel enthaltenen Aussagen. Aus ihrem massiven Wunderglauben wird dann oft – reichlich abstrakt – das Wunder des Zum-Glauben-Kommens und die konkrete Forderung Jesu an den reichen Jüngling, seinen gesamten Besitz zu verschenken, gerät unter der Hand zur recht allgemeinen Aufforderung, Jesu Wort anzunehmen.

Ich fühlte mich von diesen Liberalen auf den Arm genommen, wenn sie mir auf Rückfrage auch noch erklärten, mit der Wiederkunft Jesu zum Gericht sei das so eine Sache. Diese Frage sei, ohne missverstanden zu werden, kaum beantwortbar und das Gleiche gelte für die weitere, ob Jesus wirklich auferstanden sei. Das nämlich könne ohne Erörterung des Wirklichkeitsverständnisses nicht beantwortet werden. So hörte ich eine Ausrede nach der anderen. Nach über zwanzig Jahren Warten möchte ich mir nun den Unsinn nicht mehr anhören, dass das, was die Bibel über Auferstehung und Wiederkunft Jesu sagt, wahr sei, aber nicht stattgefunden habe bzw. nicht stattfinde. Der Eindruck verstärkt sich: Es bleibt bei dieser Vorgehensweise eine blutleere Theologie zurück, die am Ende gar nicht mehr weiß, was sie glaubt. Und der Gipfel der Scharlatanerie ist, dass ihre Vertreter sich im Konfliktfall beim Sprechen des Apostolischen Glaubensbekenntnisses nahtlos an die Heilslehren der Auferstehung Jesu, seines Sühnetodes für alle Menschen sowie seines Zurückkommens auf den Wolken des Himmels zum Gericht anschließen, obwohl sie diese Lehren längst *entmythologisiert* hatten. Außerdem wissen alle, dass angesichts der unglaublichen Vielfalt oder auch Widersprüchlichkeit der christlichen Lehren und Verhaltensregeln der Name *Christ* eigentlich längst zu einer leeren Formel geworden ist. Nur Evangelikale und Fundamentalisten können sich als richtige Christen bezeichnen mit einem persönlichen Verhältnis zu Gott – und tun das auch penetrant oft.

Als ich aber offen erklärte, ich könnte und wollte mich nicht mehr *Christ* nennen oder als ein solcher angesehen werden, unternahmen meine akademischen Kollegen in enger Zusammenarbeit mit der Evangelisch-lutherischen Kirche Hannovers alles, um meine Ausgliederung aus der theologischen Fakultät zu erreichen. Sie waren plötzlich zu bekennenden, praktizierenden Christen geworden.

Aber eins geht nur: Entweder ich akzeptiere die vollständige Widerlegung des christlich-dogmatischen Systems durch die historische Kritik. Oder ich lasse als richtiger Christ die Welt der Bibel die meinige sein. Dann kann ich wenigstens guten Gewissens am Gottesdienst teilnehmen und dort die an den *Herrn* gerichteten Gebete aus vollem Herzen mitsprechen.

Nun ist mir die zuletzt genannte Möglichkeit verschlossen und – ich denke – den meisten aufgeklärten Zeitgenossen auch. Christ zu sein ist heute, nachdem die historische Kritik ihr Werk getan hat, nicht mehr möglich. Die zuerst genannte Möglichkeit, die sich mit der historisch-kritischen Widerlegung der christlichen Dogmatik verbindet, scheint zunächst auf reiner Negativität zu beruhen und wirkt daher wenig anziehend. Doch ist jede wissenschaftliche Verneinung ein positiver intellektueller Akt, der den Weg für das Neue bereitet. Es ist ein Akt des Enthüllens, wie er immer geschieht, wenn wir zum Grund vordringen wollen. Unsere Tradition gewinnt alles, wenn sie ohne Verhüllung erscheint. Nur dann wird sie erfolgreich aus einer eunuchischen Kirchendogmatik in die fruchtbare Sphäre des Lebens zurückkommen, die manchmal chaotisch, aber am Ende doch warm, schön und leuchtend ist. Aber wir werden nicht zu jener Seite unserer Tradition gelangen, wenn es uns nicht gelingt, sie und die in ihr handelnden Personen in all ihrer Abgründigkeit zu erfassen. Deswegen meine ich, dass die konsequente historisch-kritische Erforschung ein oft übersehenes Potential der Freiheit, des Gegründet-Seins und der Zugehörigkeit verleihen wird. Dieses verschüttete Potential verdient einen Blick, der in die Tiefe gehen muss.

Es gibt nämlich eine andere Seite christlicher Frömmigkeit, deren Vertreter seit alters von Bischöfen und anderen Helfershelfern der Kirche unterdrückt wurden. Diese immer wieder in den Untergrund gedrückte Strömung sei mit dem aus dem Griechischen stammenden Namen Gnosis (= Erkenntnis) bezeichnet. Originalquellen aus diesen Kreisen liegen seit dem spektakulären Fund von siebenundvierzig vorher unbekannten gnostischen Schriften aus Nag Hammadi in Oberägypten vor. Sie zeichnen sich durch eine radikale Abkehr von dogmatischen Glaubenssätzen aus, deren Ausmaß und Reflektiertheit ins Auge sticht.

In einer dieser Schriften, dem Philippusevangelium, brandmarkt der Verfasser zunächst das kirchliche Dogma von Tod und Auferstehung als Irrtum und kehrt ihre Reihenfolge kurzerhand um. Damit vollzieht er die Wendung weg vom Denken in zwei zeitlich aufeinander folgenden Welten hin zu einer gnostischen Sicht, die an Tiefe und nicht an zeitlicher Ausdehnung, an Grund und nicht an Hoffnung, an Erkenntnis und nicht an Glaube interessiert ist. Die Auferstehung Christi hat sich nach diesem Denken bereits hier und jetzt vollzogen, die zukünftige Auferstehung interessiert ihn nicht. Wer nämlich nicht die eigene Auferstehung erfährt, stirbt bereits hier und jetzt einen geistlichen Tod, vom physischen Tod ganz zu schweigen.

Mit diesen Beobachtungen habe ich schon weit vorgegriffen. Wir befinden uns damit nämlich schon in der dritten oder vierten Generation des frühen Christentums am Ende des ersten Jahrhunderts. Ich möchte den Faden noch einmal von vorne spinnen und werde mich deswegen mit der einzigen Person aus der ersten Generation befassen, die Quellen hinterlassen hat: Als Paulus vom Verfolger zum Verkündiger des Evangeliums wurde, schloss er sich einer Bewegung an, die von einer starken Naherwartung geprägt war und das Kommen Jesu vom Himmel geradezu stündlich erwartete. Das folgt aus dem Inhalt des ältesten erhaltenen Paulusbriefes, des

1. Thessalonicherbriefes, der zwischen 40 und 50 n. Chr. verfasst wurde. In diesem Brief setzt Paulus wie selbstverständlich voraus, zu den bis zur Wiederkunft Jesu Überlebenden zu gehören. Die anderen wenigen Christen, die zuvor gestorben seien, würden bei dem Kommen Jesu auf den Wolken des Himmels auferweckt werden, um den Nachteil des vorzeitigen Todes wieder gutzumachen. Danach erfolge die Entrückung sowohl der Minderheit der inzwischen verstorbenen, aber nun wieder auferweckten Christen zusammen mit der Mehrheit der überlebenden Christen, einschließlich des Paulus, zu Jesus hin in die Luft.

Es bedarf keiner großen Intelligenz, um zu erkennen, dass früher oder später eine solche Hoffnung sich unüberwindlichen Schwierigkeiten gegenüber sah. Wir alle wissen, dass Jesus nicht wiederkam und dass die erste christliche Generation, Paulus eingeschlossen, wegstarb. Wäre das nicht der Fall gewesen, hätte es die ganzen zweitausend Jahre, uns eingeschlossen, nicht gegeben. Wie aber würde Paulus auf das Scheitern der Naherwartung reagieren? Würde er seinen Glauben an Jesus aufgeben? Falls nicht, wie würde er mit der zunehmenden Zahl von verstorbenen Christen umgehen?

Paulus schreibt: »Christus ist mein Leben, und Sterben ist mein Gewinn« (Phil 1, 21), und kurz darauf »Ich habe Lust abzuscheiden und bei Christus zu sein« (Phil 1, 23). Hier denkt sich Paulus die Vereinigung des Glaubenden mit Christus unmittelbar nach dem Tod. Offenbar hat er zum Zeitpunkt der Abfassung des Philipperbriefes, ungefähr zehn Jahre nach dem 1. Thessalonicherbrief, die Hoffnung, unmittelbar nach seinem Tod bei Christus zu sein, während diese Vereinigung zum Zeitpunkt der Niederschrift des 1. Thessalonicherbriefes erst bei der Wiederkunft Jesu erfolgen würde. Das ist ein bedeutender Unterschied.

Warum war Paulus in der Lage, solch eine Veränderung zu vollziehen? Eines ist ziemlich klar: Wenn er dazu nicht in der Lage gewesen wäre, hätte er seinen Glauben verloren. Aber aus naheliegenden Gründen wollte er weiterglauben. Denn wer gibt schon gern einen himmlischen Lohn so leicht auf? Wer will in Hoffnungslosigkeit fallen? Davor wurde Paulus durch seine bisherige religiöse Erfahrung bewahrt. Er hatte etwas, was er Christus nennt, in einer Vision bei Damaskus gesehen, und diese Christuserfahrung wurde immer stärker in seinem Leben, fast auch eine tägliche Grundlage. In dieser Erfahrung war die Unzerstörbarkeit des neuen Lebens eingeschlossen. Darum erstaunt es nicht, dass dieses neue Leben, das Paulus durch Christus bei seiner Bekehrung gegeben wurde, das Christus selbst ist, notwendig mit Christus selbst zum Zeitpunkt des Todes des Paulus vereinigt werden musste, ohne jegliche Verzögerung. Wir beobachten hier in der Seele des Paulus den unbändigen Willen zur absoluten Lebensvollendung, an deren Ende die neue Menschheit, im kosmischen Christus vereinigt, steht.

Doch Gnostiker haben hier noch weitergedacht. In einer neu entdeckten gnostischen Schrift aus Nag Hammadi, aus dem Brief an Reginus über die Auferstehung, wird Auferstehung als Rückführung in den ursprünglichen Seinszustand des Menschen und damit als Rückkehr zu sich selbst verstanden. In ihr empfängt sich der Christ selbst so, wie er am Anfang war. Auferstehung ist ein Bild für das Feststehende. Sie realisiert sich durch die Erkenntnis dessen, was der Christ von je her ist.

Eine solche Rede von Auferstehung hat Parallelen darin, wie Gnostiker das Reich Gottes auffassen. Die gnostische Fassung des Reich-Gottes-Begriffs setzt das Hier und Jetzt an die Stelle des Dereinst.

Wann immer das gnostische Ziel der Wiederherstellung der Einheit erreicht ist, stellt sich das Phänomen eines Glaubens ein, der Berge bewegen kann. Das Wort über den Berge versetzenden Glauben geht nach allgemeinem Konsens auf den historischen Jesus zurück. Es lautet in der Fassung des Markusevangeliums: »Amen, ich sage euch: Wer immer zu diesem Berg sagt: ›Erhebe dich und stürze dich ins Meer!‹ und nicht zweifelt in seinem Herzen, sondern glaubt, dass das, was er sagt, geschieht, dem wird es zuteil werden« (Mk 11, 23). Das Wort vom Berge versetzenden Glauben hat eine solche elementare Gewalt, es dringt so tief in das Sein ein, dass der Schluss auf einen originellen Sprecher nahe liegt. Zusätzlich möchte ich auch das Wort, das sich im Markusevangelium an das Wort vom Berge versetzenden Glauben anschließt, als authentisch ansehen. Es lautet: »Glaubt, dass ihr alles das empfangen werdet, worum ihr bittet« (Mk 11, 24). Und außerdem ist auch der oftmals am Ende von Wundergeschichten erscheinende Ausspruch »Dein Glaube hat dich gerettet« (Mk 5, 34) auf den historischen Jesus zurückzuführen.

Mit all dem, was Jesus über Glauben ohne ein zugesetztes Objekt sagt, hat er Teil an der Glaubenstradition des Alten Testaments und des Judentums. Im Alten Testament ist der absolut gebrauchte Begriff Glaube sprachlich verwandt mit den Begriffen Treue und Festigkeit. Zu diesem sprachlichen Konzept gehört z. B. auch die Verwendung des hebräischen Wortes *Amen*, um Gottes Treue auszusagen. *Amen* heißt dann so viel wie: es hält, es gilt und darum ist es wahr, es geschieht, es wird Wirklichkeit. Wir begegnen dem absoluten Gebrauch von *Glauben* im Alten Testament an einer Stelle des Jesajabuches, wo der Prophet Jesaja dem König Ahas zum Stillehalten angesichts einer politischen Bedrohung rät. Er sagt zu ihm: »Glaubt ihr nicht, so bleibt ihr nicht« (Jes 7, 14). Glauben und Sein sind für Jesaja fast gleich, denn Bestand haben ist im Sinne des menschlichen Lebens nicht etwa als Belohnung für den Glauben gedacht, sondern damit wird die Identität von Glauben und Bestand ausgesprochen.

Ich setze voraus, dass jede sich an die Geschichte klammernde Theologie gescheitert ist und dass – damit zusammenhängend – jegliches direktes Reden von Gott fraglich geworden ist. Menschen produzieren menschliche Bilder von Gott. Könnten Ochsen ein Bild malen, so würde ihr Gott wie ein Ochse aussehen, so der griechische Philosoph Xenophanes im 6. Jahrhundert v. Chr. All das schließt aber nicht aus, die die menschliche Ebene betreffende Rede vom Glauben im Alten Testament und bei Jesus sowie in anderen Glaubensgemeinschaften für die heutige Zeit zu nutzen. In der auf den Menschen bezogenen Rede vom Glauben im Alten Testament und bei Jesus deutet sich eine heute mögliche Glaubensweise an, die auch in der modernen säkularen Gesellschaft bestehen kann.

Bei den Gnostikern vollzog sich bereits eine Wendung hin zu einem Glauben, der an Bestand orientiert ist. Die Mitglieder dieser ketzerischen christlichen Gruppen nannten sich *Angehörige des nichtwankenden Geschlechts.* Ihr Glaube, der mit Erkenntnis gleichgesetzt werden kann, ist der Wille zur absoluten Lebensvollendung, wie er bereits ansatzweise beim Apostel Paulus festzustellen war. Das ist aber nur möglich, weil er vorher einen festen Grund gefunden hat.

Gnostisches Leben ist von der Verwirklichung des eigenen Potentials, des vollendeten Menschseins geprägt. Es überwindet die Furcht vor der eigenen Größe und begeistert sich an der gottähnlichen Kraft, die ihm als Folge des Erkenntnisprozesses zukommt. Der Gnostiker nimmt davon Abschied, die eigene Erlebnisfähigkeit zu drosseln und Lebenssinn außerhalb von sich zu suchen. Der erreichte Zustand ist eine Seinserkenntnis, d. h. ein Sich-öffnen gegenüber der Welt, die vorher nur verzerrt wahrgenommen und gegenüber überwältigenden Erfahrungen abgeschirmt worden war. Dieser Aufbruch zum kosmischen Bewusstsein ereignete sich durch den Weg zur Gnosis, die von den Außendingen zum Inneren, vom Vordergründigen zum Grund, vom Namen zur Sache führte.

Gnosis ist die Fähigkeit zu unterscheiden zwischen dem, was feststeht und dem, was nicht feststeht, sondern nur täuscht. Diese Täuschung sehen die Gnostiker in allem, was die Schöpfung betrifft. Als Angehörige des nichtwankenden Geschlechts richten die Gnostiker ihren Blick auf das große Geheimnis des kosmischen Ganzen und machen die ungeheure Erfahrung des grenzenlosen Zugehörens. Ihr Wissen darum, dass das Unerforschliche wirklich existiert und nicht in dogmatische Lehrsysteme gebannt werden kann, die Erkenntnis ihrer eigenen Wurzel – ihrer Identität – macht sie stärker als jeder denkbare Gott sein könnte. Das eigentümliche Schweben ihres veränderten kosmischen Bewusstseins, das sie jeglicher Bedrohung durch die Mächte der Welt entnimmt, findet seinen

Ausdruck in ergreifenden Hymnen. Gnostiker haben diese an den unbekannten Gott gerichtet und damit Aussagen über ihr eigenes verändertes Selbst gemacht.

Gnosis, die ich mit Mystik gleichsetzen würde, ist der Wille zur totalen Lebensvollendung angesichts des Schreckens der Schöpfung und des Absurden, das zu jeder Stunde den Erdenball durchzittert. In derselben rätselhaften Weise, wie im Laufe der Evolution das Leben auf dieser Erde gegeben wurde, drängt es auch nach der eigenen Erweiterung bis zum kosmischen Bewusstsein hin. Dieser neue Glaube als Gnosis oder Mystik eröffnet einen Weg, von dem festen Grund unseres Selbst uns eintauchen zu lassen in den Strudel des Lebens. Dabei ist eingeschlossen, dass er, der Glaube als Gnosis, unverwechselbar ganz und gar er selbst ist. Glaube als Mystik ist dann die Macht, geradezu das Anteilnehmen an der Allmacht des Kosmos. Der Weg nach unten und der Weg nach oben werden derselbe. Im Bereich des wahren Seins hören nämlich alle Unterschiede auf. Wir nähern uns ihm durch den Weg der Verneinung, der uns alle Kategorien und Wahrnehmungen als Illusion und falsche Wahrnehmung erweist. Das Ende ist dort erreicht, wo jegliche unserer Formulierungen ihres Wertes verlustig gegangen sind, dort, wo ich im vollständigen Nichts menschlicher Vorstellungen die letzte Wirklichkeit schaue. Das Licht des Seins kann nur zu mir kommen, wenn das Licht menschlichen Denkens ausgelöscht worden ist. Dort scheint die Dunkelheit, die mit dem Licht einsgeworden ist.

Sölle, Dorothee, Prof. Dr., geb. 1929, Dichterin und Theologin. Nach dem Studium der Literaturwissenschaft, Philosophie und Theologie 1972 Habilitation in Köln; 1975 -1987 Professorin am Union Theological Seminary in New York; Mitglied des PEN-Clubs; bedeutendste Vertreterin der feministischen Theologie und der Befreiungstheologie; Bestsellerautorin. Zahlreiche Aufsatz- und Buchveröffentlichungen zum Verhältnis von Theologie und Dichtung und von Kirche und Politik, zuletzt *Mystik und Widerstand*; lebt in Hamburg.

Dorothee Sölle

Das Christentum der Zukunft – ökumenisch, feministisch, mystisch

Ich habe mir in den letzten Jahren angewöhnt, nicht nur die Sprache der Theologie zu sprechen, weil ich sie oft für unzureichend halte. Sie kommt mir manchmal zu dürftig, zu trocken und nicht klar genug vor. Ich denke, man kann *über* Gott nur etwas Ernsthaftes sagen, wenn man auch *zu* Gott reden kann.

Ich möchte deshalb mit einem kleinen Gedicht anfangen, das zwar schon zehn Jahre alt ist, aber immer noch etwas sagt, auch über die Ängste, die für viele Menschen mit dem neuen Jahrtausend verbunden sind. Ich möchte diese ernst nehmen. Es geht einiges zugrunde in unserer Welt, was wir für gegeben hielten. Daran knüpfen sich oft falsche Ängste, aber trotzdem ein richtiges Gefühl. In dem kleinen Gedicht, das ich geschrieben habe, kommt davon etwas zum Ausdruck. Es heißt *streetflower*, Straßenblume.

Am straßenrand blüht eine malve
eine knospe ist beinah offen

altrosa wird sie sein
vielleicht schon morgen
Hätt ich geduld
ich würde warten
hätt ich aufmerksamkeit
ich rührte mich nicht vom fleck
hätt ich frömmigkeit
hier würde ich niederknien
Vielleicht schon morgen
könnte ich sehen nicht nur glauben
wie es einem mitgeschöpf gelingt
am straßenrand zum blühen zu kommen

Aus: Dorothee Sölle, Zivil und Ungehorsam. Gedichte, Berlin 1990.

Drei Begriffe erscheinen mir für das Christentum der Zukunft notwendig. Erstens: Das Christentum der Zukunft wird ökumenisch sein oder aber mit Hilfe seiner eigenen Zersplitterungen zugrunde gehen. Mir ist das deutlich geworden bei einer Debatte, die vor kurzem stattfand und von den Theologen – den Theologen an den Fakultäten – stark betrieben wurde, eine Debatte um das Glaubensverständnis, um das Allein-aus-Glauben der Reformation, wie sich das zum Katholizismus verhält und ob man sich da einigen könnte. Und dann ging das her und hin und hin und her und ich dachte: Was machen die da eigentlich? Das Volk ist doch ganz woanders! Das Kirchenvolk – sofern man es noch so ansprechen kann – lebt, denkt, atmet in völlig anderen Welten als diese akademische Theologie, die mit den Begriffen des 16. Jahrhunderts um sich wirft und meint, damit noch etwas Wesentliches ausdrücken zu können. Ich glaube das einfach nicht, meine Erfahrungen sind anders: dass nämlich Christen verschiedener Konfessionen – katholisch und evangelisch – zusammengehören und immer mehr zusammenwachsen, wo immer die Kirche lebendig ist. Es interessiert die Leute gar nicht, ob man das Abendmahl zusammen nehmen darf. Das ist eine Frage für

Superintendanten aufwärts, aber nicht für die normalen Menschen, die genau wissen, was das Abendmahl wirklich bedeutet, die es sogar besser wissen. Ich finde diese Entwicklung sehr schön und nehme sie an vielen Stellen wahr: Immer dort am deutlichsten, wo die Menschen ihr Christwerden oder Christsein mit Aktionen verbinden.

Ich möchte hier kurz ein Beispiel erwähnen, bei dem ich selbst auch mitmache. Das ist die *Saubere-Kleidung*-Kampagne, die *clean clothing campaign*. Dabei handelt es sich um eine aus Holland kommende Kampagne, die die Menschen, die in der Textilindustrie arbeiten, hauptsächlich Frauen, verteidigt und deren Menschenrechte einklagt, die seit der Globalisierung in einem Ausmaß mit den Füßen getreten werden wie nie zuvor. Meiner Ansicht nach entstehen da vor unseren Augen neue Formen der Sklaverei, von der wir doch dachten, sie sei überwunden. Frauen müssen vierzehn Stunden bei großer Hitze im Stehen arbeiten. Sie werden weit unter dem nationalen Mindestlohn bezahlt, damit unsere Turnschuhe und Sweatshirts billig sind. Es ist kriminell, was an vielen Stellen der Welt, in Lateinamerika, aber auch in Südostasien, vor sich geht. Diese global arbeitenden Firmen drohen damit, sobald man ihnen etwas vorhält, in ein anderes Land zu gehen. Das ist für sie leicht. Gerade Christinnen und Christen stellen solche Fragen nach der neuen Sklaverei und arbeiten in Nicht-Regierungsorganisationen (NGO's) – sie sind einer der Eckpfeiler gegenwärtiger Hoffnung. Wir leben in einer Welt, in der die multinationalen Konzerne immer stärker werden, das Völkerrecht immer weniger beachtet wird, der nationale Staat verschlankt wird gegen alles, was arm, alt, nicht mehr arbeitsfähig oder aus der Arbeit herausgeworfen wird. Sozialstrukturen werden abgebaut, die bisher in der Hand des Staates waren. Sich dagegen zu wehren, ist nicht leicht. Und doch geschieht es an manchen Stellen. Das macht mir Hoffnung und ich sehe, dass viele Christen daran beteiligt sind, bei *terre des hommes, amnesty international, terre des femmes* und anderen Gruppen, beim Hungerhilfswerk, *Misereor* oder den großen christlichen Auslandswerken. Das ist eine schöne Form der Kirche von unten, die lebt – auch bei uns. Und das kann eigentlich nur ökumenisch geschehen. Wir müssen Trennungen weiter überwinden, also ökumenischer werden und dadurch auch mehr Lebenshorizont gewinnen. Wir können voneinander lernen.

Zweitens müssen die Kirchen der Zukunft feministisch sein. Wir können an vielen Stellen die Anzahl der Theologie studierenden Frauen an den Universitäten wachsen sehen. Die Anzahl der Theologiestudenten hingegen nimmt ab. Man kann dies mit einem soziologischen Blick negativ beurteilen und sagen: »Naja, die Kirche sinkt eben ab, das ist wie mit den Volksschullehrerinnen. Da wird doch auch kein Mann mehr Volkssschullehrer. Ist doch klar, das sind die unbedeutenderen Berufe!« Man kann es auch mehr mit dem Blick Jesu betrachten und da würde ich sagen: Es ist schön. Es ist gut. Die Wahrheit wächst auf diese Weise. Es ist schön, dass es mehr Frauen in diesen Berufen gibt, dass die Kirche den traditionellen Sexismus überwindet. Der Sexismus wird immer noch von der katholischen Seite begründet mit einem merkwürdigen Argument. Es wird gesagt, dass der Priester oder Pfarrer mit Christus eine Ähnlichkeit haben muss. Aber dass diese Ähnlichkeit in den Geschlechtsmerkmalen stecken soll, da hört mein Verständnis des römischen Denkens einfach auf. Die Ähnlichkeit liegt doch in dem, wer Christus war! Wenn wir auch nur eine entfernte Ahnung haben, wer Christus war oder wer er für seine Freundinnen und Freunde war oder wer er für uns vielleicht einmal gewesen ist oder vielleicht einmal sein wird, dann wissen wir doch, dass es um etwas ganz anderes geht und dass dieses Argument unmöglich geworden ist. Wir sollten Christus ähnlicher werden – alle!

Drittens ist es notwendig, das das Christentum der Zukunft mystisch sein wird. Auf das Thema der Mystik will ich deshalb näher eingehen. Die Mystik ist eine gerade im Protestantismus verleugnete Dimension des Glaubens. Ich will es an einem einfachen Beispiel klarmachen. Wir lernen in der evangelischen Kirche oft und in vielen verschiedenen Formen, dass Gott gut ist, dass Gott uns liebt, uns beschützt, uns wärmt, uns tröstet. Alle diese Sätze sind richtig. Aber in der Liebe ist es so, dass sie immer gegenseitig ist. Wenn wir Gott lieben, dann ist damit nicht nur achten und fürchten, sondern es ist wirklich wärmen gemeint. Ich glaube, Gott ist es auch manchmal kalt, wenn er diese Welt ansieht. Wärmen, trösten, beschützen, mitarbeiten, helfen – das sind Tätigkeiten, in denen sich unsere Liebe zu Gott ausdrückt. Man kann nicht sagen, Gott liebt dich und was du machst, ist nicht so wichtig. Das ist ein falsches Denken und es ist ein Denken, gegen das die Mystikerinnen und Mystiker aller Zeiten aufgestanden sind und *Nein!* dazu gesagt haben. Sie haben immer wieder betont, wie sehr sie Gott lieben. *Ich will dich lieben, meine Stärke* – es gibt unendlich viele Lieder und Gedichte, die das auf eine sehr, sehr schöne Weise aussprechen. Die Scholastiker haben die Mystik als Erkenntnis Gottes aus Erfahrung definiert – *cognitio dei experimentalis.* Eine sehr schöne Definition. Sie leugnet nicht, dass Gott auch in der Kirche ist, dass Gott vielleicht auch manchmal von der Kanzel spricht, dass Gott vielleicht auch manchmal in einer Kerze spricht. Aber sie sagt, dass Gott auch an anderen Stellen spricht. Es gibt Erkenntnis Gottes, die weder an das Buch, wie die Protestanten meinen, noch an den Vollzug der Messe gebunden ist, sondern tatsächlich darüber hinausgeht. Gott versteckt sich auf tausendfältige Weise. Das ist immer wieder von Menschen bezeugt, die Gott erfahren haben.

In meinem Buch *Mystik und Widerstand* habe ich eine Geschichte erzählt. Sie spielt im theologischen Seminar in New York, an dem ich unterrichtete. Da wurde einmal nach religiösen Erfahrungen gefragt. Es entstand ein peinliches Schweigen unter diesen sonst sehr wortgewandten Studierenden – als hätten wir unsere Großmütter nach ihren sexuellen Erfahrungen gefragt, so peinlich war das! Man wusste gar nicht, wohin man gucken sollte vor Schreck. Schließlich meldet sich eine junge Frau und sagt, sie will eine Woche später darüber etwas sagen. Und sie gab einen sehr eindringlichen Bericht. Sie erzählte, wie sie als junges Mädchen im mittleren Westen der USA nachts im Bett viele, viele Stunden gelesen hat, unerlaubterweise natürlich, mit Taschenlampe. In einer Winternacht wachte sie morgens um vier Uhr auf, ging hinaus und sah die Sterne am frostklaren Himmel. Sie erlebte ein für sie einmaliges Glücksgefühl, ein Gefühl der Verbundenheit mit dem Ganzen des Lebens, mit Gott, eine Erfahrung von überwältigender Klarheit, von Getragensein, von Aufgehobensein – das sind alles Wörter, die sie benutzte, um das Glück mit Wörtern zu benennen, was vielleicht ein unbenennbares Glück ist. Sie sah die Sterne, als hätte sie sie noch nie gesehen. »Es kann nichts passieren, ich bin unzerstörbar, ich bin eins mit dem Ganzen« – mit diesen Worten beschrieb sie das Erlebnis. Es habe sich dann nicht wiederholt, bis ihr in einem ganz anderen Zusammenhang etwa zehn Jahre später etwas ganz Ähnliches zugestoßen sei. Der andere Zusammenhang war eine große Demonstration gegen den Vietnamkrieg in den USA. Auch da habe sie plötzlich gewusst, dass sie aufgehoben sei, ein Teil des Ganzen, nicht kaputtzukriegen, auch mit Napalm nicht – mit anderen zusammen, gemeinsam. Beide Erlebnisse brachte sie mit der Sprache und mit ihrer eigenen Scham ringend unter dem Titel *Religiöse Erfahrungen* in Zusammenhang.

Stellen wir uns einen Augenblick vor, diese junge Frau wäre nicht in unserem Jahrhundert aufgewachsen, sondern – sagen wir mal – im 14. Jahrhundert in Flandern. Dann hätte sie ganz andere sprachliche Mittel gehabt, um das, was sie erlebte, zu benennen. Ihr hätten einfach Sprachtraditionen zur Verfügung gestanden, die es erlaubten zu sagen *Ich hörte eine Stimme* oder *Ich sah ein Licht, heller als alle anderen Lichter* oder *Ich sah die Jungfrau Maria auf einer Mondsichel herabschweben und mir etwas zurufen.* In unserer Kultur ist sie zu Nüchternheit, Begrenzung, wissenschaftlicher Ausdrucksweise gezwungen. Alles, was da nicht hereingehört, wird abgeschnitten, ist unmöglich; dass und wie sie sich gegen diese Zwänge wehrte, machte ihren Bericht unvergesslich.

Die mystische Erfahrung ist zuallererst Glück; sie macht zugleich heimatlos. Das sind zwei Sätze, die sich widersprechen. Die mystische Erfahrung macht heimatlos, weil man sie vielleicht nicht weitergeben kann, sie nicht leicht teilen kann mit anderen, obwohl sie geteilt sein will. Sie führt Menschen aus dem Haus in die Hauslosigkeit, wie der große Gautama – der spätere Buddha – sich ausgedrückt hat, als ihm etwas Ähnliches geschah. Wir finden das in vielen verschiedenen Religionen, dieses aus dem Haus, dem Bekannten, dem Vertrauten in die Hauslosigkeit geraten. Ein Stück von dieser Hauslosigkeit spürte ich auch in dem Bericht der Studentin, die sich danach immer mehr zu einem gewaltfreien Leben hingezogen fühlte. Und mit gewaltfrei meine ich nicht nur, dass sie nicht Soldatin werden wollte, wie das in den USA üblich ist, sondern dass sie auch die Gewalt, die in unserer Wirtschaft steckt, wahrnahm – also in einem ernsthaften Sinn dieses Wortes gewaltfrei leben wollte, ohne an der Gewalt, in der wir alle leben, teilzuhaben. Die Menschen, die von Religion in diesem Sinn berührt werden, spüren etwas, das das Neue Testament immer mit einem gewissen Ekel ausdrückt. Es sagt: *Stellt euch nicht gleich dieser Welt*, und dabei ist *diese Welt* etwas ganz Mieses. Das ist die Welt der Geschäfte, des Militärs, des Unrechts, der Verachtung der Armen und der Kinder – das ist die Welt, die *diese Welt* genannt wird. Es ist nicht Weltverachtung als solche und auch nicht Weltverachtung, als sei die Schöpfung schlecht, aber Weltverachtung im Sinne der Pax Romana, also des herrschenden Systems zur Zeit des Neuen Testaments. Es deutet auf ein anderes Leben hin: Glück und Heimatlosigkeit, Erfüllung und Suche, Nähe Gottes und die Bitterkeit seiner Abwesenheit. Ich glaube nicht, dass solche Erfahrungen, die Erfahrungen Gottes, nur für besonders visionär oder auditionär, also hörerlebnishaft begabte Menschen sind.

Mein Interesse ist es, die Mystik zu demokratisieren. Wir sind alle Mystiker, nur manche wissen es und manche nicht. Wir können solche Erfahrungen an einer Pfütze machen, die wir in einem besonderen Augenblick sehen, an einem Tier, am Lächeln eines Straßenkindes, an ganz vielen ganz verschiedenen Stellen. Gott versteckt sich, wo es Gott passt! Die Tradition des Islam hat das schön ausgedrückt. Sie sagt, *Allah hat hundert Namen, aber nur neunundneunzig sind bekannt*. Der Koran, das Heilige Buch des Islam, fängt immer mit Namen Gottes an: der Allerbarmer, der Blitzeschicker, Der herabregnen lässt, Der die Erde fruchtbar macht usw. Dass ein Name nicht bekannt ist, heißt eigentlich, dass da noch ein Geheimnis übrigbleibt. Wir können Gott nicht definieren. Ein Versuch, das zu tun, läuft in die Irre. Wir können versuchen, Namen zu finden. Und das ist etwas Wunderbares, was die Mystiker zu allen Zeiten immer wieder versucht haben und neu getan haben, auch wenn das gegen irgendwelche Dogmatiken oder gegen schon bekannte Namen sprach.

Ich wollte den Titel meines Buches eigentlich *Du stilles Geschrei* nennen. Das ist ein Name für Gott aus einem mittelalterlichen Brief. Eine Frau oder ein Mann will beschreiben – man weiß es nicht, der Brief ist anonym –, was sie oder er gesehen, erlebt hat und benennt dann Gott mit *du unschätzbarer Schatz, du Trost in Niederlagen, du stilles Geschrei*. Mich hat das sehr berührt, als ich es vor Jahren einmal las. Es ist heute oft schwer, in unserer Welt voller lauten Geschreis dieses *stille Geschrei* auch nur manchmal noch zu hören.

Mystik ist die Seele jeder Religion und ohne sie verkommt die Religion, wird eine Buchreligion, eine sakramentale Religion, eine Pfaffenreligion, eine Kirchenreligion, ohne weiter in das Herz der Menschen auszugreifen. Das gehört aber dazu und so sind die Mystiker in allen Zeiten auf die Suche nach neuen Namen Gottes gegangen. Sie haben Gott *Mutter* genannt, sie haben ihn *unnennbares Licht, Licht von innen* genannt, und ich will noch einen modernen Ausdruck nennen, den ich sehr schön finde, obwohl er nicht sehr poetisch ist. Das ist ein Ausdruck, den die Quäker gebrauchen. Sie sprechen von *dem von Gott in dir*, auf Englisch *that of God in you*. Das ist auch kein elegantes Englisch. Das ist eine Art hilflose Sprache, aber sie deutet auf eines der Geheimnisse des Lebens hin, dass nämlich in jedem Menschen ein winziges bisschen Gott versteckt ist, ein Funke – wie die Mystiker auch gesagt haben – von dem großen Feuer. Ein Funke auch in dir. Vielleicht hast du das so zugemüllt, dass du es nicht mehr spürst. Es ist leicht, das zuzumüllen oder zu vergessen oder nicht zu hören. Aber dass es da ist, müssen wir glauben, ich kann es dir nicht beweisen.

Ich habe Schwierigkeiten, meine Feinde zu lieben. Wenn ich manchmal an einige meiner Feinde denke, kommt mir in den Sinn: Ach Gott, wo ist denn da *das von Gott* hingeraten, das ist ja wirklich arg versteckt! Die Annahme, dass auch in einem Weltbanker, der dazu beiträgt, dass durch finanzielle Manipulationen weniger Kinder in der Dritten Welt auf die Schule gehen können, etwas von Gott versteckt ist und irgendwie darauf wartet, angerührt oder ausgegraben zu werden, ist die Voraussetzung einer Feindesliebe, die diesen Namen im Ernst trägt. Es ist nicht leicht, daran zu arbeiten, aber eine der schönen Sachen in der Mystik ist die Annahme, dass in allen Menschen etwas von Gott versteckt ist, auch dann, wenn sie es jetzt nicht wissen oder nicht wahrhaben wollen. Dann ist es dennoch versteckt und wir sollten versuchen, es zu suchen.

Ein islamischer Mystiker, den ich sehr liebe, der große persische Dichter Rumi, hat einmal gesagt: »Warum, wenn Gottes Welt doch so groß ist, bist du ausgerechnet in einem Gefängnis eingeschlafen?« Und mein Lebensgefühl sagt mir, dass wir im besteingerichtetsten Gefängnis der Weltgeschichte leben. So schick war ein Gefängnis noch nie, so fantastisch, so überfließend, so elegant, so modisch. Das ist der Ort, an dem wir leben. Ein Gefängnis, in dem wir vergessen, dass wir im Gefängnis sind. Mystik bedeutet eigentlich, herauszukommen aus diesem Gefängnis, auf das *stille Geschrei* wieder zu achten, das Ohr auf den Boden zu legen und das Geschrei zu hören, das da irgendwo in der Welt steckt, versteckt – es spüren, es sehen. Dazu brauchen wir diese Kraft des In-und-Bei-Gott-Seins, das auch im Bericht der Studentin durchklang, die sagte: »Mir kann nichts passieren, ich bin unzerstörbar, die können machen, was sie wollen. Wenn wir hier *Wir werden durchkommen – We shall overcome* – singen, dann werden wir wissen: Das Lied lässt sich nicht töten. Es geht weiter, es wird weiter gesungen, auch in ähnlichen, anderen Situationen.«

Wir haben heute in unserer reichen Welt, im bestausgestattetsten Gefängnis, sozusagen drei Wächter. Ich nenne sie: das Ich, den Besitz und die Gewalt. Wobei eines aus dem anderen folgt. Ich habe viel von großen Mystikern der Tradition gelernt, zum Beispiel vom Heiligen Franz etwas über Besitz und Besitzlosigkeit, seiner Liebe zur Armut – das Weggeben können, das Freiwillig-sich-arm-machen, das Nicht-mehr-Besitz-haben-Wollen. Es gibt eine wunderbare kleine Geschichte über Franziskus. Einer der Brüder wollte immer gern ein Buch besitzen. Das war damals ein Schatz, etwas sehr Schönes, Ehrenvolles, Wertvolles. Und Franz lehnte es immer wieder ab. Nun kam er eines Tages wieder. Da sagte Franziskus zu ihm: Wenn du erst ein Buch besitzt, dann wirst du auch einen Diener haben wollen, der es dir auf die Kanzel bringt. Dann wirst du auch jemanden haben wollen, der es dir hinterherträgt. – Das ist in dieser alten Welt gesprochen, aber es sagt etwas über den Zusammenhang von Besitz und Herrschaft aus, von Besitz und Aufgabe von Freiheit. Wir sind auf einem Weg, von Besitz weg zu mehr Besitzlosigkeit, zu mehr Gewaltfreiheit und das beginnt mit der Freiheit vom Ich, der Ichlosigkeit. Das ist ein schwieriges Thema, weil vor allem innerhalb der christlichen Frauenbewegung Frauen sehr lange in Selbstverleugnung eingeübt wurden, geradezu zu einem Opferkult erzogen wurden. Es war ein Stück befreiender Theologie, als sie sagten *Ich bin schön, ich bin ganz, ich bin gut. Ich gehöre dazu. Ich bin nicht nichts, auf mich kommt es auch an*. Das war eine wirkliche und echte Befreiung. Sie wird nur immer mehr gekauft, sozusagen von den Mächten, die über uns herrschen, und zerstört dabei auch das, was die Mystik immer wieder gelehrt hat: das Ich zu vergessen, um zugleich an Gott zu denken. Das Gottesgedenken und das Ichvergessen stehen in einer Beziehung. Der Prozess, in dem das Ich aufhört, Gott zu vergessen, ihn aber im eigenen Leben gegenwärtig weiß, ist derselbe, in dem es anfängt, sich selbst zu vergessen. Erinnerung und Vergessen sind zwei Seiten eines Aktes. Und die Ichvergessenheit an Stelle der normalen Gottvergessenheit gehört – mystisch gesprochen – in den Bereich, der in der Sprache oft so ausgedrückt wird: sich verlieren, sich versenken, sich vertiefen, sich verlieben.

Was für eine wunderbare Sprache! Ich gehe von mir weg, ich bin mir selbst nicht mehr das Wichtigste. Ich habe meinen Grund woanders. Ich lebe aus ganz anderen Kräften. Das sind alles Tätigkeiten, in denen wir von uns selbst fortgehen. Ein Mensch gewinnt sein Gesicht nicht, indem er sich im Spiegel betrachtet, sondern zum Gesicht gehört das Auf-etwas-anderes-Schauen, das Gebanntsein von etwas, was außer uns selber ist. Dass wir uns verlieren können in etwas, das nicht wir sind, ist vielleicht die schönste Art, das Ego zu entmachten und in diesem Sinne frei zu werden. Dieser geheimnisvolle Weg nach Innen ist nicht ein Weg, auf dem man sich selber endlich kennenlernt und findet, sondern einer, auf dem die Ichbesessenheit ihre Macht verliert und das Ich sich freimacht, weil es sich als etwas versteht, das immer schon im Akkusativ existiert. Das ist eine philosophische Redensart, die ich von Emanuel Lévinas, dem großen jüdischen Philosophen, gelernt habe. Er sagt: »Unser Ich kommt eigentlich vor als Angesprochenes, als Gerufenes, als Gebetenes.« Jedes bettelnde Kind ist eine Inanspruchnahme meines Ich und jede weitere Pflanze, die bei uns vergiftet wird, ist ein Anruf an mich, fragt mich nach dem Gefängnis, in dem ich lebe und das von der Ichsucht beherrscht wird. Unser ganz normaler Alltag ist von solchen Kleinigkeiten bestimmt, die mit dem Ich-Aufbau zusammenhängen. Man kann es daran ablesen, wie z. B. das Wort *genießen* allmählich das altmodische Wort *kaufen* ersetzt. Man soll alles genießen – das ist das Lieblingswort der Werbung. Es ist klar, dann denkt man nicht an den Preis und an die Opfer, sondern man denkt daran, wie schön das doch ist und wie man sich selbst darin besser gefällt. Das ist eine Art Ich-Erziehung, die ununterbrochen, Tag und Nacht, auf uns einströmt und die natürlich wirtschaftlich bedingt ist von der Überflussgesellschaft, die eben immer mehr produzieren will und die Grenzen des Habens nicht denken kann.

Das Ich und seine Bedürfnisse – wie sind denn eigentlich Menschen darauf gekommen, die Ichlosigkeit als Befreiung anzusehen oder Freiheit als Freiheit vom Ich, also von dieser Genusssucht, zu verstehen? Mystiker in den verschiedensten Traditionen haben sich gegen die Überflutung mit Gegenständen gewehrt. Sie versuchten, in die Welten der Armut hereinzukommen. Sie gaben dem einen subversiven Sinn. Es gab eine nichtsbegehrende Freiheit von Geld und Gut, eine trotzige Unabhängigkeit vom so genannten Wohlleben und der Fixierung auf den Luxus. Es gibt das schöne Volkslied *Was schert mich Geld, was schert mich Gut*, das aus dem 15./16. Jahrhundert, aus der Bauernbewegung, stammt. Was geht mich das an? Ich bin ein freier Mensch, ich kann auch ohne das alles leben, ich brauche es nicht. Ich verändere meine Bedürfnisse. Und unsere globalisierte Produktion und Werbung arbeitet kräftig daran, die Reste dieser Unabhängigkeit zu beseitigen. Das Konsum-Ich der Verbraucher darf dieses Desinteresse am Aussehen, am *outfit*, am Zubehör und der zurechtgestylten Umgebung nicht mehr zeigen.

Die Erziehung zur Ich-Sucht wird weltweit inszeniert. Sie knüpft geschickt an wirkliche Bedürfnisse an, die wir alle haben – wir möchten alle anders sein. Ich möchte auch schöner sein, musikalischer sein, besser tanzen können – es gibt alle möglichen Seinsbedürfnisse. Aber die Werbung, mit der wir uns umgeben haben, funktioniert diese wahren und echten Bedürfnisse um mit einer Art Klick in: Kauf das, nimm das, zieh das an, dann hast du das alles. Du musst das nur haben. Das heißt, aus dem Sein wird das Haben gemacht und wir werden zurechtgestutzt als hab-süchtig.

Ich möchte abschließend ein paar Sätze einer großen Mystikerin zitieren, Simone Weil, einer jüdischen Frau unseres Jahrhunderts, die im Exil, aber mit der Widerstandsbewegung in Frankreich verbunden war und nur so viel gegessen hat, wie die französischen Juden laut Lebensmittelmarken zu essen bekamen, das heißt, fast nichts, und Hungers gestorben ist. Sie hat viel über diese Fragen nachgedacht, gerade über die Fragen der Ichhaftigkeit. »Warum also«, schreibt sie, »soll ich mir Sorgen machen? Es ist nicht meine Angelegenheit, an mich zu denken. Meine Angelegenheit ist es, an Gott zu denken. Es ist Gottes Sache, an mich zu denken.«

Das ist ein wunderbarer Ausdruck von Vertrauen in diesen Gott, dessen Sache es ist, an mich zu denken, ein Weggehen von sich selber, von diesem Ego, das uns so sehr beherrscht. Das gehört mit zur mystischen Erfahrung, die mit solchen Erlebnissen beginnt, die sich vertiefen kann in einer Gottesbeziehung, in einem Vertrauen, in einem Gottes-Gedenken. Das heißt eben auch, dass ich nicht mehr vollständig auf mein Ich zentriert bin, sondern Gott auch anderswo erfahre, kenne und in diesem Sinn anders lebe.

Stöhr, Martin, Prof. D., geb. 1932, Ehrenpräsident des International Council of Christians and Jews (ICCJ). Nach Gemeinde- und Studentenpfarramt lange Jahre Direktor der Ev. Akademie Arnoldshain (1969-1986); 1986-1998 Professor für systematische Theologie in Siegen; 1966-1984 einer der Präsidenten des Deutschen Koordinierungsrates der Gesellschaften für jüdisch-christliche Zusammenarbeit; Mitbegründer von *Studium in Israel*; seit 1998 Ehrenpräsident des ICCJ. Zahlreiche Veröffentlichungen; lebt in Bad Vilbel.

Martin Stöhr

Juden und Christen nebeneinander? Seit 2000 Jahren mit der Bibel unterwegs

Meine erste *jüdisch-christliche Begegnung* erlebte ich am 23. März 1945 in einer kleinen Stadt, in der ich bei meinen Großeltern wohnte: Die amerikanische Armee befreit die Stadt vom Nationalsozialismus, was mehr als Befreiung von Krieg und Bombardement und weniger als Befreiung von der Praxis des Mitlaufens, des Wegschauens, aber auch der kleinen Tapferkeiten begriffen worden war. Ein Offizier beschlagnahmt die Wohnung meiner Großeltern. Er will mit meinem Großvater Englisch reden. Mein Großvater kann das nicht. Aber er kann Latein. Der amerikanische Offizier antwortet lateinisch. Beide unterhalten sich in der Sprache des *humanistischen* Gymnasiums, das die organisierte Inhumanität der deutschen Gesellschaft so wenig verhindert hatte, wie das Realgymnasium dazu erzogen hatte, die Realität zu sehen. Auch die Kirche kann nicht zeigen, dass sie die Nächstenliebe ihrer biblischen Botschaft gegenüber den bedrohten Jüdinnen und Juden praktiziert hätte.

Als Zwölfjähriger höre ich zu. Ich begreife so viel, dass ein Mensch einen überzeugenden Grund haben muss, die deutsche Sprache nicht mehr zu benutzen, die bis zu seiner Vertreibung aus Deutschland und der Ermordung seiner Angehörigen seine Muttersprache war. Ich begreife auch, dass *Warum?* zu fragen notwendig ist. Warum führte Deutschland Krieg gegen die Juden? Wer und was trieb die Feindseligkeiten voran? War der christliche Glaube auch daran beteiligt? Wie? Am Ende des lateinischen jüdisch-christlichen Dialogs sprechen die beiden wieder Deutsch. Ich ahne, was ich erst später erfahre: Es sind die Opfer und die Überlebenden auf der jüdischen Seite, die einen Dialog ermöglichen. Und dieser Dialog ist alles andere als eine Plauderei an gemütlichen Kaminen. Es geht um nichts anderes als um die Fragen, wie Schuld und Verantwortung übernommen werden können, ob Christinnen und Christen leben, was sie glauben, ob ihr Glaube ein Feindbild braucht, von dem sich abzusetzen ein Überlegenheitsgefühl vermittelt, ob sie also feindbildlos leben können und ob sie schließlich in der Lage sind, selbstkritisch sich von jenen Traditionen zu trennen, die anders Denkenden, anders Glaubenden, anders Zweifelnden, anders Singenden Respekt und Gleichberechtigung einschränken oder gar verweigern – kulturell, zivilgesellschaftlich, religiös, intellektuell und praktisch.

Ich will skizzieren, wie vielleicht ein Weg der Christenheit ins nächste Jahrtausend aussehen könnte, nachdem die ersten beiden Jahrtausende der Christenheit in einem einmaligen Völkermord am jüdischen Volk und am Volk der Roma und Sinti endeten. Wir verdrängen die Vergangenheit nicht. Die Opfer haben ein Recht gehört zu werden. Sie haben aufgrund ihrer Erfahrungen von Unmenschlichkeit ein Mitbestimmungsrecht, wenn es darum geht, die Zukunft menschlicher zu gestalten als die Vergangenheit war.

Juden und Christen lesen dieselbe Bibel. Sie verstehen sie an wichtigen Stellen unterschiedlich. Die hebräische Bibel ist als sogenanntes Altes Testament der grösste und grundlegende Teil der christlichen Bibel. Jesus kennt keine andere Bibel als diese hebräische Bibel. Wir haben diese Schriften oft mitsamt seinem bleibenden, ersten Adressaten verdrängt und sie zur blossen Vorgeschichte des Neuen Testamentes und der Kirche gemacht. Langsam haben wir gelernt, dass diese Bibel Jesu, seiner Jünger und des jüdischen Volkes zwei Fortsetzungsgeschichten hat, eine im lebendigen Judentum und eine im lebendigen Christentum.

Beide, das Christentum wie das Judentum, sind in sich vielstimmig wie ein Chor, manchmal auch wie ein Chor voller Dissonanzen, der also ständig der Leitung durch den gemeinsamen Gott bedarf – bis zur Vollendung der Welt. Diese biblische Botschaft sowie ihre Traditionen in der mündlichen Offenbarung im Judentum (in Talmud und Midrasch) und im Christentum mit seinen Bekenntnissen sind lebendige Wegweiser. Das Christentum ist arm dran, wenn es aus dem Ersten Testament nicht die elementaren Botschaften für ein menschliches Leben, Zusammenleben und Überleben hört.

Zu den Grundelementen des Glaubens, auf denen das Haus des Volkes Israel und das der Kirche nicht im eigenen, sondern im Interesse der Menschheit steht, gehört die Grundüberzeugung, dass die Geschichte der Welt wie die des Einzelnen sich nicht im Kreise dreht, sondern einen orientierenden Ursprung wie ein hoffnungsvolles Ziel hat, also nicht sinnlos ist. Herkunft und Zukunft geben eine Perspektive des individuellen wie des sozialen Lebens ab, die die Kostbarkeit und die Einmaligkeit eines jeden Lebens ausmachen. In der Schöpfungsgeschichte ist zu lernen, dass Gott den Menschen, und zwar allen, die Welt anvertraut hat, um diese so zu gestalten, dass sie ein menschliches Zuhause für alle Menschen ist.

Jeder Mensch ist ein einmalig wertvolles Ebenbild Gottes. Diese Würde *gewähren* nicht zähneknirschend oder gnädig andere Menschen. Sie gehört zur göttlichen Grundausstattung eines jeden Menschen. Je massenhafter der Mensch in Zukunft vorkommt, umso billiger müsste sein Wert nach den Marktgesetzen werden. Hier halten Juden und Christen mit ihrer Kenntnis der Menschenwürde dagegen – oft genug gegen ihresgleichen und gegen Versteinerungen und Ängstlichkeiten ihrer eigenen Institutionen. Im Gegensatz zu Gerüchten oder wissenschaftlichen Erkenntnissen setzen sich diese Kenntnisse nicht automatisch durch. Sie benötigen menschliche Trägerinnen und Träger. Dann verändert sich etwas im Verhältnis zwischen Armen und Reichen, Weissen und Farbigen, Schwachen und Starken. Dann wird kühn mit der biblischen Hoffnung gearbeitet, dass vielleicht heute schon Schwerter zu Pflugscharen werden, dass das Recht und nicht die Gewalt die Beziehungen zwischen unterschiedlichen Völkern und Gruppen bestimmt. Das ist auch ein Vertrauen in den Messias, gleichgültig, ob er als wiederkommend oder als erstmalig kommend geglaubt wird.

Weiter ist im ersten größeren Teil der Bibel zu entdecken, dass Gott nicht will, dass die Menschen dem Tod unterworfen bleiben. Zur riesigen Menge der Agenten des Todes gehören Krankheit und Leid, Angst und Schuld, Unterdrückung und Armut, Gewalt und Resignation. Von der gewaltsamen Herrschaft von Menschen oder von Ideologien über Menschen befreit zu werden, gehört zur Freiheitsbotschaft, die Israel zuerst erfährt. Über Israel lernen sie die Völker. Die Bibel ist von Anfang an – und gerade das Alte Testament – eine Befreiungsgeschichte. Der protestantische Jude Heinrich Heine schreibt 1835: »Die Sprache der Freiheit ist biblisch und sie wird überall sprechen.« Da die verführerischen und die gewalttätigen Gefährdungen der Freiheit im neuen Jahrhundert noch wachsen werden, benötigt es tapfere und sensible Lehrlinge in dieser Freiheitsschule.

Wir sind so frei, wie wir an der Befreiung von Unfreien arbeiten. Dadurch, dass es den einen und einzigen Gott gibt, haben wir gegenüber allen Mächten und Gewalten und gegenüber dem eigenen Ich sowie gegenüber Menschen, die sich als Modell für andere oder als Übermenschen aufspielen, eine kritische Haltung und Freiheit. Wir sind so frei, ökonomische oder soziale, also von Menschen gemachte Gesetze, nicht einfach hinzunehmen. Wir prüfen anhand der Kriterien, wie in der Bibel z. B. Gerechtigkeit nicht als Leistungsgerechtigkeit, sondern als eine *tendenziöse* Haltung verstanden wird, die zuerst fragt, ob die Armen zu ihrem Recht kommen.

Das korrespondiert mit der Grundhaltung Gottes, dem die Menschen recht sind, ohne dass er ihre Leistungen in Rechnung stellen muss. Aber er rechnet mit allen, wenn es beispielsweise darum geht, dem Recht in Gestalt von Völkerrecht und Menschenrechten eine größere Geltung zu verschaffen. Nur so ist die Schlüsselaufgabe des neuen Jahrhunderts zu lösen, jenes Unrecht zu überwinden, das sich in der Tatsache zeigt, dass 80 Prozent des Reichtums dieser Erde, der Rohstoffe und der Energie von 20 Prozent der Weltbevölkerung verbraucht werden. Das muss ebenso wenig sein wie die wachsende Diskrepanz in der Verteilung von Lebenschancen, von Gesundheit, von Bildung oder von Arbeit.

Dann gibt es die befreiende Einrichtung des Sabbat, des siebten Tages in der Woche, der frei ist von allen Zwängen des Alltags, des Produzierens, Handelns und Konsumierens. Dieser Tag ist ein Geschenk Israels an die ganze Welt, unabhängig davon, ob jemand glaubt oder nicht. Die Gefährdung dieses Geschenkes liegt auf der Hand. Zu gern will man allen einreden, die Wirtschaft sei der einzige Faktor, der über soziale und politische Fragen zu entscheiden habe.

Kern dieser biblischen Botschaft ist nicht nur, dass Gott Himmel und Erde geschaffen hat und erhält. Angesichts der menschlichen Fähigkeit, seine Freiheiten und Kapazitäten zum Guten wie zum Schlechten zu gebrauchen, sieht Gott die Vollendung seiner Schöpfung vor. Es wird »einen neuen Himmel und eine neue Erde« geben. Das »Reich Gottes ist das Reich der Menschen wie es einmal werden soll« (Martin Buber).

Dieser Gedanke der christlich-jüdischen Bibel entfaltet in der Geschichte der Menschheit eine ungeheure Dynamik aktiver Weltgestaltung. Religiöse wie säkulare Geschichts- und Naturphilosophien bis zu denen von Hegel oder Marx prägen die Geschichte und die verschiedenen Wissenschaften. Geschichte ist in Bewegung nach vorn. Sie ist aus auf etwas, was es noch nicht gibt. Die Fortschrittsidee markiert Chancen und Gefahren einer solchen Auffassung, einerseits sich nicht abzufinden mit dem, was ist – vor allem mit Unrecht, Hass oder Gewalt – und andererseits zugleich sich nicht an Allmachtsfantasien zu verlieren, als dürfe alles gemacht werden, was machbar ist.

Die Selbstbegrenzung aller um der Freiheit anderer willen ist ebenso wichtig wie die Entfaltungsmöglichkeit aller um der Liebe und Gerechtigkeit aller willen. Damit ist auch gesagt, dass Gottes Mitarbeiterschaft in seinem Reich größer als Israel oder die Kirche ist. Beide sind nicht mit dem Reich Gottes identisch. Es hatte und hätte fatale Folgen, wenn sie einen Alleinvertretungsanspruch erhebten, wenn sie sich anmaßten zu urteilen, wer dazu gehört und wer nicht.

Die Geschichte ist bis zu ihrer Vollendung offen, auch und gerade für Menschen, für die alle Zentralkomitees ewiger Wahrheiten (die es säkular wie religiös gibt!) gern Urteile und Vorurteile fällen, Ketzerhüte verteilen, Inquisitionen oder Selektionen veranstalten. Gott ist nicht ein Gott der Christen gegen die Juden, nicht ein Gott der Religiösen gegen die Areligiösen. Wenn abgegrenzt und verbindlich geurteilt werden muss, dann geschieht es gegenüber einer Position, z. B. des Rassismus, des Führerkults oder eines konkreten Unrechts.

Warum eine neue Schöpfung? Warum ein neuer Himmel, eine neue Erde? Ist der Mensch, sind wir der Freiheit nicht gewachsen, zu der uns Gott bestimmt und geschaffen hat? Ich erinnere noch einmal an die Schöpfungsgeschichte. Gott lässt sich sein Konzept für seine Welt nicht ins Gegenteil verkehren, wozu die Menschen alle zu jeder Zeit neigen. Was falsch mit Erbsünde, richtiger mit Ursünde benannt wird, bezeichnet jene Selbstverstümmelung der Menschlichkeit und Menschheit, die in den ersten Kapiteln der Bibel und in vielen Geschichten von menschlicher *Sünde* geschildert und kritisiert wird.

Über den Geschichten vom *Sündenfall* steht als Grundaussage: So soll es nicht weitergehen. Bildlich und realistisch wird der Sachverhalt so ausgesprochen: Wie ein Raubtier lauert die Sünde vor den menschlichen Türen; »sie giert nach dir; du aber sollst Herr über sie werden« (1. Mose 4, 7). Menschen können der Freiheit und Würde, die ihnen gegeben ist, entsprechen. Sich am Baum des Lebens, der im Paradies gepflanzt ist, zu vergreifen, heißt, sich an eben dieser Freiheit und Würde zu vergreifen. Beide werden durch Willkür als grenzenloser Freiheit und durch Verantwortungslosigkeit, die sich nicht stellt, gefährdet. Der Mensch weigert sich zu werden, was er ist: ein Mensch mit Mitmenschen Der Baum des Lebens ist ein Denkmal an gelingendes Leben. Was erzählt die Bibel auf den ersten Seiten?

Da wird von Adam und Eva unter den Stichworten Verantwortungslosigkeit und Sündenbockdenken berichtet. Adam, feige, versteckt sich: Gott, nicht als Rächer, aber sucht den Menschen als antwortenden und damit verantwortlichen Partner. Die erste Frage an den Menschen heißt: »Adam (auf deutsch: Mensch, Menschenskind), wo bist du?« In der nach allen Seiten offenen Skala der Verantwortungslosigkeit wird abgeschoben: auf Eva, auf die Schlange. Damit ist die Frage nach der Verantwortung für menschliche Würde und Freiheit wieder beim Schöpfer gelandet. Wie kann er so etwas zulassen?

Konkurrenz, Hass und Brudermord sind die Folgen. Kain und Abel, die Geschichte ist bekannt. Die Feindesliebe greift zum ersten Mal. Der Mörder, ein Mensch, wird nicht abgeschrieben. Niemand darf ihn töten. Das Kainszeichen Gottes schützt ihn, damit die Gewalt sich nicht seuchenartig ausbreitet.

Hemmungslosigkeit und Gewalt greifen weiter um sich. Sie gefährden bald die Schöpfung. Das Gesetz des Wachstums führt sich früh wie ein Naturgesetz ein. Die Menschen sind in der Tat dabei, heute noch mehr als damals, die Schöpfung zu ruinieren. Die wissenschaftlich und technisch bereitgestellten Mittel erlauben inzwischen einen globalen Selbstmord. Daran sind nicht die Mittel schuld, sondern ihre kreativen Erfinder, Verwerter und Nutzer, die zu wenig kreativ sind, wenn es um eine wissenschaftliche, politische, wirtschaftliche und persönliche Auseinandersetzung geht, was denn gut und was denn nicht gut ist für die lebenden und für die kommenden Generationen. Wieder eine Fehlanzeige auf die Frage: »Mensch, wo bist du?« Gott fängt unverdrossen neu an. Mit Noah schließt er einen Bund, setzt Regeln für das Leben, Zusammenleben und Überleben. Ein Neuanfang zur Rettung der ganzen Schöpfung ist immer möglich.

Der Turmbau zu Babel enthüllt, dass die Menschen dazu neigen, sich selbst zu vergöttern und zu vergötzen. Noch ein Versuch zur Entgrenzung schützender Lebensregeln wird versucht. Man will niemanden über sich haben. Sich selbst als Übermensch letzte und einzige Autorität zu sein, hat fatale Folgen. Die Menschen verstehen sich nicht mehr. Unverstand und Kommunikationsstörungen treiben Menschen und Völker auseinander.

Aber Gott verbündet sich immer wieder mit seinen Menschen und vor allem mit seinem Volk Israel. Er fängt mit Abraham neu an, verliert aber dabei nicht die Völkerwelt aus den Augen. Israel ist ein Segen für die Völker, wenn diese ihm nicht *fluchen*, ihm also nicht feindselig gegenüber treten. Bundesschlüsse, Testamente genannt, zeigen, dass Gottes Treue reicher an neuen Initiativen ist als alle menschlichen Treulosigkeiten.

In der Befreiung Israels aus der Sklaverei und Unterdrückung in Ägypten und in der Gabe der Gebote, der Tora, zur Überwindung von Unmenschlichkeiten, offenbart Gott sich als ein befreiender und mitfühlender Gott. Er redet die Menschen an und lässt sich von ihnen anreden.

Diese Erfahrung ist die Grunderfahrung Israels. Sie konstituiert dieses Volk in der Geschichte. Hitler hielt das Gewissen für eine *jüdische Erfindung* und den *Gott vom Sinai* für das Unglück der Menschen. Gewissenlos handeln zu können und so den Menschen *Hitlers Heil* zu bringen, verlangt dieses Volk auszurotten. Immer wieder fürchten Mächtige die Macht brisanter Erinnerungen in der Geschichte Israels. So lässt Pontius Pilatus Jesus am Vorabend des Peschfestes, wo die Befreiung aus Ägypten gefeiert wird, umbringen. Die von christlichen Kaufleuten nach Amerika verkauften Sklaven, von denen nur die Hälfte lebend dort ankommt, begreifen die Befreiungsbotschaft der Bibel. Sie singen *When Israel was in Egypt' s Land*, dann *Mose, geh' zu Pharao: Tell old Pharao, let my people go!* Viele Befreiungsbewegungen in der so genannten Dritten Welt dichten der Bibel nach, was an Forderung und Entwurf von Befreiung und Menschenwürde zu verlangen ist.

Dieser Gott ist kein a-pathischer, kein gefühlloser, sondern ein sym-pathischer, ein mitfühlender Gott. Seine Stimme ist in der Welt, redet Menschen an, wie er sich auch anreden lässt. Die Geschichten der Bibel wie die Briefe, die Dichtungen wie Kritik und Hoffnungsbotschaft der Propheten, die Psalmen wie die Hiobs- oder die Passionserzählungen, die Gleichnisse wie die Heilungsberichte – sie alle zeigen die Anrede Gottes an seine Menschen und die Anredbarkeit dieses Gottes durch seine Menschen. Sie bewegen Menschen und machen sie sensibel sowie aktiv für das, was ist und für das, was sein könnte.

Die Botschaft des Jesus von Nazareth heißt, dass mit seinem Erscheinen dieses erwartete Reich Gottes nahe herbei gekommen sei und dass deswegen Umkehr, eine radikale Änderung des Lebens und Verhaltens angesagt sei. Seine Nachfolgerinnen und Nachfolger nennen ihn deshalb den Messias.

Messias ist kein Eigenname, sondern eine Dienstbezeichnung. Übersetzt heißt es der Gesalbte, der von Gott Gesandte, beauftragt wie Priester, Könige und Propheten, die in Israel gesalbt wurden. Christus ist die Übersetzung aus dem Lateinischen. Er ist dazu gesandt und gesalbt, das Reich Gottes auf dieser Erde mit und für Menschen zu beginnen. Deswegen ist er Mensch geworden. Er bekräftigt seine Botschaft durch Zeichen und Signale, dass Schuld und Tod überwindbar sind, Ausgrenzung und Hunger nicht hingenommen werden müssen, gegen Gewalt und Armut Gewaltlosigkeit und Teilen der Reichtümer zu setzen sind, dass Krankheit und Angst zu heilen sind.

Wie treu er zu dem Wort des einen Gottes steht, das zeigt sein Märtyrertod am Kreuz. In den letzten Sekunden seines Lebens rettet er noch Menschen. Die Auferstehung ist der Beginn des neuen Lebens. Paulus nennt ihn den Erstgeborenen einer neuen Schöpfung. Damit ist nach christlichem Glauben die Vollendung der Welt noch nicht eingetreten, das Reich Gottes noch nicht alltäglich, gegenwärtig oder perfekt. Aber der Anfang einer neuen Schöpfung, an der mitzuarbeiten wir alle eingeladen sind, ist in seinem Leben und Sterben gesetzt.

Franz Rosenzweig, der große jüdische Denker, hat einmal ganz unpolemisch gesagt, im Judentum gelte *Ende gut, alles gut*. Hingegen heisse es vom Christentum *Anfang gut, alles gut*. Er hat damit auf einen entscheidenden Unterschied hingewiesen. In der Tat nimmt der christliche Glaube an die messianische Botschaft Jesu vom nahen Gottesreich den hier durch den Gott Abrahams, Isaaks, Jakobs und den Vater Jesu Christi bewirkten Anfang ganz ernst. Die Gefahr besteht darin, den Weg schon für das erreichte Ziel zu halten. Immer wenn die Christenheit in Absolutheitsansprüchen oder Überlegenheitsgefühlen gegenüber anderen schwelgt, erliegt sie dieser Gefahr. Nein, die Kirche bedarf der Vergebung und Vollendung ihres Lebens wie jeder Mensch. Wer an Judenverachtung, Kreuzzüge, Religionskriege, Hexenverbrennung oder an die weit verbreitete Gleichgültigkeit gegenüber der sozialen Frage denkt, weiß, wovon die Rede ist.

Wir haben noch immer aus dieser biblischen Botschaft zu lernen, dass der Auftrag, Kranke zu heilen, ein bleibender Auftrag ist, wie die Aufgabe, sich um Verlassene, Flüchtlinge, Einsame, Gefangene, Kinder, Alte und Ausgestoßene zu bemühen. Manches hat auch durch diese biblischen Impulse die säkulare Gesellschaft gelernt. Hat der christliche Glaube sich erfolgreich überflüssig gemacht? Es wäre arrogant, so zu denken. Zu viel ist liegen geblieben. Und da ist die Anfrage Israels.

Die übergroße Mehrheit Israels kann den Beginn der neuen Schöpfung in der Christenheit nicht sehen, und zwar aus guten biblischen Gründen. Werden in der messianischen Zeit nicht Schwerter zu Pflugscharen? Sind nicht Leid, Gewalt und Tod dann endgültig besiegt? Haben dann nicht Obdachlose und Flüchtlinge ein Zuhause? Bestimmen dann nicht Recht und Gerechtigkeit die Beziehungen zwischen den Völkern und den Menschen?

Es muss Schluss gemacht werden mit der Auffassung, Israel lehne aus Verstocktheit, mangelnder Einsicht oder Bosheit den Messias Jesus ab. Es hat einen guten Grund: Es sieht nicht in Raum und Zeit verwirklicht, was in den prophetischen Verheißungen für die messianische Zeit angekündigt ist. Israel fragt die Kirche, ob sie nicht allzu viel von diesen Hoffnungen spiritualisiert habe? Wurde nicht Befreiung und Erlösung häufig in ein Jenseits nach der Todesgrenze verschoben? Wurde dann aus Brot nicht Seelenspeise statt Brot für die ganze Welt, aus Gerechtigkeit für alle Menschen nur die Gerechtigkeit, die vor Gott gilt? Aus Frieden innerer oder Familien- bzw. Nachbarschaftsfrieden statt Völkerfrieden? Hat die Christenheit die Gnade Gottes gerade gegenüber Israel nicht gnadenlos verweigert? Eine zu Macht und Mehrheit gekommene Kirche verbittet sich die kritische Rückfrage aus Israel. Das Überhören dieser prophetischen Anfragen bringt die Christenheit um das Hören auf ein lebendig gebliebenes Wort Gottes.

Die Antwort der Kirche sieht so aus: Israel sei von Gott verworfen, weil es Jesus umgebracht habe. Dabei wird vergessen, dass die Römer ihn gekreuzigt haben. Jetzt habe die Kirche Israel beerbt. Sie sei jetzt das wahre Israel. Man sagt weiter, das Alte Testament sei Gesetz, dort rede ein Gott der Rache, aber im Neuen Testament ein Gott der Liebe. Hier sei wahre Erfüllung, wo es im Alten Testament nur ankündigende Verheißungen gebe – als ob sich nicht auch im Neuen Testament unerfüllte Verheißungen, Gesetze und schreckliche Worte der Gewalt fänden. Gibt es doch im Alten Testament die Botschaft der Liebe, der Barmherzigkeit und der Gerechtigkeit, die Jesus – bis hin zum Doppelgebot der Liebe – nicht neu erfinden muss. Er findet sie vor, um sie, prophetisch in Israel beginnend, offenbarend zu den Völkern zu bringen.

Die Verachtung des jüdischen Volkes hat dreierlei in der Christenheit bewirkt: Einmal versteht man die Verfolgung und das Leiden des jüdischen Volkes, ob zur Zeit der Kreuzzüge oder in unserer Gegenwart, als Strafe Gottes für das, was dieses Volk angeblich Jesus angetan hat. Zweitens löst sich durch diese Erklärung die christliche Hilfsbereitschaft auf: Man kann doch nicht gegen Gottes Urteil handeln. Aber dieses Urteil hat man in Wahrheit selber über die jüdischen Vorfahren gesprochen. Drittens verliert der christliche Glaube seine handfeste Weltlichkeit und verdorrt wie ein Ölbaum, der sich widersinnigerweise von seinen eigenen Wurzeln trennt. So manche Verdorrtheit des Christentums kommt daher, dass wir diesen biblischen Wurzelgrund Israels abgeschnitten haben.

Gegen die Forderung Friedrich Nietzsches: »Zerbrecht die alten Tafeln, ... der Übermensch erscheine!« greift Dietrich Bonhoeffer die Forderung Martin Luthers auf, *neue Dekaloge* zu schreiben. Damit ist nichts anderes gemeint, als sie in die Gegenwart hinein auszulegen. In der Hebräischen Bibel geschieht das schon in einem über Generationen laufenden Lernprozess. Heute haben Juden und Christen die Aufgabe, biblische Ansätze aufzugreifen und als Lebensorientierungen in die aktuellen Debatten einzubringen. Ich nenne nur einige Beispiele:

Das Asylrecht ist eine biblische Einrichtung, die in der Praxis christlicher Gemeinden zugunsten einer kleinen Zahl von Menschen aus der Millionenzahl der Flüchtlinge auf unserem Globus weiter entwickelt werden muss. Es muss Rechtsgestalt gewinnen.

Das Erlassjahr hat tausende von Gemeinden und Gruppen inspiriert und aktiviert, Schuldenerlass für die ärmsten Länder der Erde und ein Insolvenzrecht für sie zu fordern, wie es für juristische Personen in vielen Staaten besteht.

Das Militär verfügt heute über Zerstörungsmittel, die Frieden nur auf Kosten der Zivilbevölkerung und der Zerstörung ihrer Lebensgrundlagen schaffen. Die für das Militär ausgegebenen Mittel fehlen für eine zivile Vorbeugung von Kriegen. Diese könnte in der Schaffung eines verbindlichen und sanktionierenden Völkerrechts und Menschenrechts bestehen.

War über Jahrhunderte das Verhältnis von Staat und Kirche beherrschendes Thema der Sozialethik, so ist heute die Frage, wie eine sich autonom entwickelnde Wirtschaft lernt, dass sie für die Menschen (und nicht nur für die Aktionäre) da ist und nicht die Menschen für sie. Wie werden Gerechtigkeit und Partizipation aller in einer Industrie- und Dienstleistungsgesellschaft ermöglicht? Wie werden Brot, Wasser, Bildung – alles ist ausreichend da – gerecht verteilt?

Der Mensch schickt sich an, in der Reproduktionsmedizin sich zum Schöpfer und zum Verbraucher von Leben, auch menschlichem Leben zu machen. Wie werden hier Grenzen diskutiert und gezogen?

Zum Welterbe gehören Jerusalem und Athen, Kulturen und Religionen, die die Frage nach der Wahrheit stellen. Es ist eine unbequeme Frage, die der Zyniker des Machterhalts, Pontius Pilatus, nur zynisch wiederholt, um sie als lächerlich abzutun. Darüber aber ist zu streiten, vor allem unter dem Gesichtspunkt der Bibel. Für sie ist Wahrheit weder ein Gefühl noch die Richtigkeit einer praktischen oder theoretischen Erkenntnis. Beides hat sein eigenes Recht. Der Bibel aber geht es nicht um Rechthaben, sondern um Rechttun.

Auf dem Weg ins neue Jahrtausend haben die zur Minderheit gewordenen Christinnen und Christen jede Form von Judenverachtung zu verlernen und einen engagierten christlichen Glauben der Weltverantwortung zu lernen.

Wir lernen neues, mutiges Handeln aus dem Schatz der christlichen Zeugen, die nicht in die kleinen Feigheiten des Alltags ausweichen, sondern die kleinen Tapferkeiten des Alltags riskieren. Der Schritt zu der einen Entscheidung ist so groß oder so klein wie der zu der anderen. Ich deute nur vier Lehrstücke an:

Dietrich Bonhoeffer, später selber an der Rettungsaktion von Juden beteiligt, hält im April 1933 einen Vortrag zur *Judenfrage*. Nachdem der Staat unter Zustimmung oder Schweigen des Volkes die Weimarer Verfassung und damit die Grundrechte der Demokratie außer Kraft gesetzt, Berufsverbote für Juden und Kommunisten im öffentlichen Dienst durchgesetzt hatte und am 1. April 1933 die jüdischen Geschäfte zu boykottieren befahl, gibt Bonhoeffer einen dreifachen Rat: Erstens müsse man den Staat immer nach der Legitimität seines Handelns fragen. Nicht alles, was es an Gesetzen gebe, sei auch Recht. Zweitens müsse allen Opfern staatlicher Gewalt geholfen werden, also nicht nur denen aus der eigenen, beispielsweise christlichen Gruppe. Drittens müsse man dem Rad in die Speichen fallen, also in den aktiven Widerstand gehen, damit nicht immer weitere Opfer entstünden. Kirche ist nur Kirche, wenn sie für andere da ist.

Helene Jacobs aus der Gemeinde der Bekennenden Kirche in Berlin-Dahlem. Sie hat Pässe gefälscht, um Juden über die badisch-schweizerische Grenze zu retten. Sie hat die Idee, dass man in Dahlem zwei Opferstöcke am Ausgang der Kirche aufstellt. In den einen legt man die Kollekte nach dem Gottesdienst und in den anderen kann man – ist man *arisch* – seinen Pass fallen lassen, den sie fälscht. Im Gegensatz zu den Juden bekommt man einen neuen.

Gertrud Luckner aus Freiburg erfährt von einem tapferen Angestellten der Stadtverwaltung, dass am kommenden Montag die erste Deportation Freiburger Juden passieren solle. Sie findet zwei Mediziner, die die auf der Deportationsliste stehenden Juden in Krankenhäuser einweisen, weil sie alle Diphtherie hätten, also in Quarantäne müssten. In den Wochen der Quarantäne verschwinden sie dann 1940 nach und nach über die grüne Grenze ins unbesetzte Frankreich. Solche Fantasie und Zivilcourage der Nächstenliebe ist gespeist aus dem Buch der Bücher. Beide Frauen bezahlen mit der Einweisung ins KZ Ravensbrück. Sie überleben. Heute wissen wir, etwa aus dem Widerstand in Norwegen, dass wenige leicht inhaftiert werden, weil viele wegschauen. Schauen viele nicht weg, ist der Widerstand nicht zu brechen.

Martin Niemöller bringt nach seiner Befreiung aus dem KZ seine Aufgabe auf den Begriff: »Ich muss die Frage predigen, wie kriege ich einen gnädigen Nächsten in gnadenlosen Verhältnissen, und mich nicht nur mit der alten Lutherfrage beschäftigen: Wie kriege ich einen gnädigen Gott?«

In den Fragen von Intoleranz und Rassismus, Fremdenfeindlichkeit und Nationalismus, Antisemitismus und Gewaltbereitschaft liegen heute unsere Hausaufgaben. Vielleicht gehen dann in Zukunft Juden und Christen miteinander zu dem Ziel ihrer Hoffnung und nicht nebeneinander.

Zahrnt, Heinz, Dr. theol, geb. 1915 in Kiel, Theologe und Schriftsteller, Bestsellerautor. 25 Jahre Tätigkeit als theologischer Chefredakteur des *Deutschen Allgemeinen Sonntagsblattes* und im Präsidium des Deutschen Evangelischen Kirchentages; Mitglied des PEN-Clubs; einer der meistgelesensten theologischen Schriftsteller der Gegenwart. Zahlreiche Veröffentlichungen, darunter *Die Sache mit Gott*, zuletzt *Das Leben Gottes*; lebt in Soest.

Heinz Zahrnt

Gott ist tot – Marx ist tot – und ich selbst befinde mich auch nicht wohl. Auf der Suche nach einem verlässlichen Lebensgrund

Ich habe in meinem Leben eine Wahl getroffen, nicht auf einmal, sondern allmählich, auch nicht ein für allemal, sondern immer wieder, alles in allem aber endgültig: Ich verstehe mich als Christ. Dies ist die Grundentscheidung meines Lebens. Sie bedeutet ein Vertrauensvotum. Soll ich dieses Vertrauensvotum in einen kurzen Satz fassen, so kann ich sagen: Ich habe eine gute Vermutung zu Gott.

Denke ich aber über diese Vermutung nach, so ergeben sich nur Mutmaßungen über Gott. Das geht jedoch nicht nur dem Theologen so, sondern jedem Menschen, der über seinen Glauben oder Unglauben nachdenkt – und wer täte dies nicht? Ich kann meinen Glauben an Gott ebenso wenig beweisen wie der Atheist seinen Unglauben. Aber ich muss ihn öffentlich zu rechtfertigen suchen, indem ich mich bemühe, ihn verstehbar zu machen.

Solange ich Theologe bin – und das ist allmählich eine ganze Weile –, sehe ich das Christentum rings um mich her in stetem Abnehmen begriffen. Abgesehen vielleicht von zwei kurzen Phasen – der Anfangszeit der Bekennenden Kirche unter der Nazidiktatur und einigen wenigen Jahren nach dem verlorenen Zweiten Weltkrieg – bin ich niemals den Eindruck losgeworden, dass die christliche Religion sich in einer Art Dauerkrise befindet. Europa ist aus dem christlichen Abendland zu einem weltlichen Kontinent geworden, zu einem heidnischen Land mit einer großartigen christlichen Vergangenheit und einigen wenigen christlichen Restbeständen.

Man kann vielerlei Ursachen und Symptome für die zeitgenössische Dauerkrise des Christentums anführen. Den Kern bildet allemal der Schwund einer lebendigen Gottesgewissheit. Dieser aber ist kein hausgemachter kirchlicher Sonderfall, sondern zugleich Grund und Folge einer allgemeinen metaphysischen Auszehrung und religiösen Versteppung, mithin ein Ausfluss der geistig-seelischen Gesamtverfassung unserer Zeit, im Realgrund der Geschichte wurzelnd und deshalb auch nicht einseitig nur den Kirchen als Schuld anzulasten, sondern ebenso als ein geistiges Schicksal zu verstehen, an dem auch das Christentum unentrinnbar teilhat.

Dieses geistige Schicksal lässt sich in vier Sätzen beschreiben.

Erstens: Die Welt ist weltlich geworden. Aller Glaube findet heute im Schatten jenes Vorgangs statt, den Friedrich Nietzsche einst den Tod Gottes genannt und als das größte *neuere Ereignis der Geschichte* datiert hat. Man kann sich dieses Ereignis gar nicht universal und durchgreifend genug vorstellen. In einer unaufhaltsamen Bewegung vom Jenseits zum Diesseits ist alle dualistische Metaphysik im Abendland ans Ende gelangt. Das heißt, die einst geglaubte jenseitige, übersinnliche Welt, die wie das Licht der Sonne über der Erde stand und den Menschen den Horizont setzte, ist in einem unaufhaltsamen Schwund unwirklich und unwirksam geworden und spendet kein Leben mehr. Fortan gibt es nicht mehr zwei geteilte Welten – eine jenseitig-übernatürliche *oben* und eine diesseitig-natürliche *unten* –, sondern nur noch diese eine ungeteilte Welt, in der wir miteinander leben. Wir sind Zeugen des größten und umfassendsten Säkularisierungsprozesses, der jemals in der Geschichte des Christentums, vielleicht sogar in der gesamten Religionsgeschichte stattgefunden hat. Der Mensch kam in sein Eigentum und forderte die an den Himmel verschleuderten Schätze zurück. Zum ersten Mal in der Geschichte steht er jetzt überall nur noch sich selbst gegenüber und lebt in seiner Welt so, *als ob es Gott nicht gäbe.*

Zweitens: Die Wahrheit ist vielfältig geworden. Einst war die Wahrheit wie ein Schicksal, das über den Menschen verhängt wurde, entweder in der Vertikalen von Gott beschieden oder in der Horizontalen von den Vätern überkommen, meistens beides in einem. Längst aber trägt jeder Mensch, nach einem berühmten Wort Kants, den »obersten Probierstein der Wahrheit in sich selbst«. Damit ist die Wahrheit, je nach dem Standort des Betrachters, perspektivisch und aus einem Schicksal zur Wahl geworden. Fortan ist es dem Menschen freigestellt, für welche Wahrheit er sich entscheiden, welchen Heilsweg er für sich wählen, auf welchem Boden er Recht und Moral gründen will. Selbst die Ratio realisiert sich in unterschiedlichen Rationalitäten. Wir sind nicht erst multikulturell durch fremde Immigration, sondern schon durch eigene Ausdifferenzierung.

Für das Christentum folgt aus der Pluralisierung der Wahrheit, dass an die Stelle des Monopols der christlichen Religion das System der freiwilligen Religion tritt und die Christen zu einer kognitiven Minderheit in der Gesellschaft werden. Damit gewinnt freilich auch der einzelne Christ Glaubensfreiheit gegenüber seiner eigenen Kirche, falls er es nicht vorzieht, sich ihr alsbald wieder zu unterwerfen. Für die Theologie ergibt sich aus der Pluralität, dass es in ihr kein universales Einheitsband mehr gibt, weder in der Form eines einheitlichen wörtlichen Schriftverständnisses noch in der Gestalt eines übergreifenden unfehlbaren Lehramts. Die Bibel ist nicht irrtumsfrei, und auch Konzilien können irren.

Drittens: Das Leben ist beziehungslos geworden. Metaphysisch obdachlos, sucht der Mensch sich im Hiesigen einzurichten: Der Verlust der Transzendenz verwandelt sich in das innerweltliche Streben nach Glück. Das Lebensziel heißt: *Selbstverwirklichung.* Gibt die Welt im Großen keinen Sinn mehr her, muss man ihn sich im

Kleinen schaffen, in der eigenen Privatheit, im Kreis der Familie, in der Clique, auf dem Golfplatz, im Club. So verkehrt sich das Streben nach dem größtmöglichen Glück in die Jagd nach dem kleinen Glück im Winkel: Lasst uns so viel wie möglich leisten, damit wir uns möglichst viel leisten können! An die Stelle der Verbindlichkeit tritt die Beliebigkeit und mit ihr die Sorge um die eigene Befindlichkeit: Gott ist tot, Marx ist tot, und ich selbst befinde mich auch nicht wohl. Auf diese Weise droht das individuelle wie gesellschaftliche Leben beziehungslos zu werden. Wahr ist, was nützt, und moralisch erlaubt, was sich mit dem Schein des Rechts erstreiten lässt. Das juristische Existenzminimum wird zum kategorischen Imperativ: Wir sind ein schlaues Geschlecht.

Seine Abrundung und endzeitliche Vollendung findet das individuelle Glücksstreben in der Reinkarnationslehre. Auf dem Hintergrund fernöstlicher Religiösität haben sich zwei westliche Ideen – der naturwissenschaftliche Entwicklungsgedanke und das individualistische Persönlichkeitsideal – zur vulgären Reinkarnationslehre inkarniert. Die Jagd nach dem Glück ist ins Seelisch-Jenseitige verlagert, die Entwicklung der Arten ins Geistig-Kosmische. Das gemeinsame Ziel heißt Selbstverwirklichung der individuellen Persönlichkeit und Aufstieg der Menschheit insgesamt zur Vollkommenheit. Während das Karma im Osten einem Karussel gleicht – von dem man lieber heute als morgen abspränge –, ähnelt es im Westen einer Wendeltreppe, auf der man munter emporsteigt: Wohlan, noch einmal!

Viertens: Der Mensch ist Gott nicht losgeworden. Die Voraussage des *Endes der Religion* hat sich nicht erfüllt. Die These von der Unumkehrbarkeit des neuzeitlichen Säkularisierungsprozesses ist kein ausreichendes Argument dafür. Den Beweis liefert die zeitgenössische Situation. Während das Gerücht vom Tod Gottes weiter durch die Welt läuft und der christliche Glaube an Kraft und Einfluss einbüßt, beginnt man gleichzeitig neu, Sinn und Geschmack für die Religion zu gewinnen, findet ringsum und weltweit eine Art religiöse Explosion statt. Enttäuscht vom Fortschrittsglauben der Neuzeit, überdrüssig der technischen Rationalität, frustriert durch die Konsumgesellschaft und unbefriedigt vom materialistisch-mechanischen Weltbild haben zahlreiche Menschen auf ihrer Suche nach Hilfe, Halt und Trost zum Leben die *Reise ins Innere* angetreten und dabei an den etablierten Kirchen vorbei die Religion für sich wieder entdeckt. Als habe es nie eine neuzeitliche Aufklärung gegeben, ist die Scheu vor Märchen, Mythen und Magie auf einmal wie verflogen. Ich bin immer erstaunt, was angeblich aufgeklärte Zeitgenossen, denen der christliche Glaube an Gott unzumutbar erscheint, stattdessen alles zu glauben bereit sind.

So bilden Säkularisierung, Pluralisierung, Individualisierung und Remythisierung, unauflöslich ineinander verflochten, den zeitgenössischen Horizont, in dem die Christen ihren Glauben heute zu verantworten haben.

Was mich an der Zeit dünkt, ist deshalb mehr als die heute vielzitierte Reform des *Unternehmens Kirche*, dass wir ein neues Gesamtverständnis des Christentums entwickeln: Wie kann der christliche Glaube angesichts einer so gewandelten Welt seine Identität neu gewinnen, und wie muss eine Gott und dem Menschen gleichermaßen verpflichtete Theologie vom Glauben reden?

Dies war schon früh, eigentlich vom Beginn meines Studiums an, das zentrale theologische Problem für mich. Es bildet die gemeinsame Achse meiner religiösen und theologischen Lebenslinie. Damit wurde alle Theologie für mich zeitlebens zum *Mittlerdienst* zwischen der Offenbarung Gottes und der Bibel und der Existenz des Menschen in der Zeit. Ohne Scheu und Scham bekenne ich mich als *Vermittlungstheologe*. In meinen Augen taugt keine Theologie etwas, die dem Menschen nicht zum Leben verhilft. Kann es denn in der labyrinthisch-wirren Welt, in der wir leben, eine wichtigere und würdigere Aufgabe geben, als Menschen in die Kunst des Lebens einzuführen, so dass sie ihren Weg in der Welt finden und am Abend des Lebens nach Hause kommen?

Die Theologie muss zur Welt kommen, sie muss die Passion des In-der-Welt-Seins auf sich nehmen. Die Vergegenwärtigung Gottes ist das A und O aller Theologie. Die gleichzeitige Konzentration auf Gott und die Welt bedeutete für mich zugleich Ausweitung und Befreiung. Statt alle Stücke der überlieferten Kirchenlehre mit theologischem Geschick und sprachlichem Raffinement in die Gegenwart hinüberretten zu müssen, fühlte ich mich zunehmend ermutigt, als Theologe öffentlich nur noch zu sagen, was durch eigene Erfahrung, wenn auch gewiss nicht durch die eigene Existenz, gedeckt ist. Auf diese Weise wurde der theologische Stoff zwar in der Aussage einfacher und im Umfang geringer, im Inhalt jedoch zugleich dichter und gewichtiger. Denn das Einfache duldet keine Ausflüchte!

Ich warne aber vor allen billigen apologetischen Versuchen, den Glauben an Gott als zweckmäßig und nützlich zu erweisen. Wer die Notwendigkeit und Unentbehrlichkeit des Gottesglaubens mit seinem Nutzen für den Menschen, die Gesellschaft, den Staat, die Kirche oder irgendeinen anderen Zweck zu beweisen trachtet, unterschätzt den Menschen in seinen sittlichen, rationalen und kreativen Fähigkeiten und erniedrigt Gott zugleich zu einer Zulieferfirma von Ersatzteilen bei beschädigter menschlicher Existenz. Gott ist kein Lückenbüßer an den Grenzen der Wissenschaft, kein Problemlöser in den Sachzwängen der Politik, kein Instrument zur Selbstverwirklichung des Menschen, überhaupt kein Mittel zur Bestandssicherung und auch kein Narkotikum für die Seele, um den ständigen Schmerz des Daseins zu ertragen. Gott lässt sich nicht *verwerten*. Einen Gott, den man braucht, braucht es nicht. Ein brauchbarer Gott ist ein Götze. Wie alle Religion trägt auch der christliche Glaube seinen Sinn in sich selbst. Weil Gott sich in der Freiheit seiner Liebe den Menschen als Gegenüber geleistet hat, darum kann der Mensch sich seinerseits Gott leisten – als das ganz und gar Nicht-Notwendige in seinem Leben, aber gerade darum als das, was allein nottut – fast wie ein Spiel, ein Riesenspiel freilich, das der Mensch nicht selber inszeniert hat, in dem er aber, ob er will oder nicht, mitspielt und das er verlieren kann.

Als Protestant lutherischer Provenienz bin ich kirchlich und theologisch mit der Frage Martin Luthers aufgewachsen: »Wie kriege ich einen gnädigen Gott?« Mir hat die Vergegenwärtigung dieser Frage allzeit Beschwerden bereitet. Es war die Kardinalfrage des ausgehenden Mittelalters, geboren aus der Angst vor Sünde, Schuld und ewiger Verdammnis. Mir aber tönte die Posaune des Jüngsten Gerichts nicht so laut in den Ohren wie den Menschen damals. Nicht, dass die Schuld mir nebensächlich geworden wäre – im Gegenteil, je älter man wird, desto schwerer wiegt sie. Aber zur Schuld gesellten sich ebenso bedrängend noch andere Ängste und ballten sich zur Frage nach dem Sinn allen Daseins.

Mehr als die endlose Weite des Kosmos bedrängt mich der labyrinthisch-wirre Lauf der Geschichte. Es war in einem Museum vor einer Weltkarte, auf der die Hungersnöte der Menschheit durch die Jahrtausende eingezeichnet waren, als mich – längst nicht zum ersten und schon gar nicht zum letzten Mal – der Gedanke an die Millionen Menschen, sagen wir mal vom Neandertaler bis heute, überfiel: Worin liegt der Sinn dieser unzähligen Menschenleben? Hielt Gott sie alle, jeden Einzelnen, in seiner Hand? Es ist die radikale Zufälligkeit alles Seienden, die bloße Vorhandenheit der Dinge, wovor ich erschrecke: Nichts in der Welt ist schon immer dagewesen, und nichts wird immer da sein. Was es gibt, könnte es auch nicht geben. Kein Mensch und kein Ding ist in sich notwendig, sondern jedes für sich und alles zusammen beliebig.

Es geht mir, wenn ich nach dem Sinn meines Lebens in der Welt frage, deshalb nicht um ein universales System à la Hegel, in das ich alles, was in der Welt geschieht und mir in meinem eigenen Leben widerfährt, logisch sinnvoll einzuordnen vermöchte. Es geht mir vielmehr um die Vergewisserung meiner selbst in der Welt und damit um einen verlässlichen Lebensgrund.

Um die Welt verantwortlich zu bestehen, braucht der Mensch einen festen Stand. Ein Mensch aber kann sich nicht selbst begründen – wie sollte er dies wohl tun? Er kann sich immer nur auf einen vorgegebenen Grund stellen, und entsprechend muss er seine Wahl treffen. Damit mündet die Suche nach dem verlässlichen Lebensgrund, wenn sie ehrlich und radikal geschieht, in die Vertrauensfrage: Worauf ist in unserer wirren Welt Verlass? Was ist es, das in unserem Leben Gewissheit verleiht? Was trägt? Damit stehe ich vor der eingangs bekannten Grundentscheidung meines Lebens, vor meinem Vertrauensvotum für den christlichen Glauben. Gottes schöpferisches *Ja* bildet das Geheimnis der Welt. Am Anfang schuf Gott Himmel und Erde und er schuf den Menschen zu seinem Bild, als Mann und als Frau – dies ist die Grundüberzeugung, von der alle biblischen Überlieferungen getragen sind. Wie vermöchte Gott seinem göttlichen Leben auch anders Sinn zu geben, als dass er Leben schafft, und wie seine Liebe anders auszudrücken, als dass er sich ein Gegenüber erwählt? Mit dieser zweifachen Zuwendung fängt die Lebensgeschichte Gottes mit den Menschen an. Lange, bevor wir denken, sind wir gedacht.

Das ist in eins der verlässliche Grund meines Lebens und meines Vertrauens. Die Gnade ist der Schöpfung von Beginn an eingestiftet und der Mensch damit ein von vornherein Begnadeter. Ob er es weiß oder nicht, ob er es wahrhaben will oder nicht – im Augenblick seiner Geburt tritt er in eine Gottesbeziehung ein.

Dieses aller Schöpfung vorausgehende *Ja Gottes* hat Jesus aus Nazareth erneuert und ein für allemal festgemacht, indem er alle Menschen, ohne Vorbedingung, zu Gott einlädt – allein aus Gnade, weil sie seine Geschöpfe sind. Diese bedingungslose offene Einladung Jesu an alle Menschen bildet den einfachen geschichtlichen Grund der späteren oft so komplizierten Rechtfertigungslehre in allen ihren Entfaltungen und Verzweigungen von Paulus oder Augustin und Luther bis in die Gegenwart.

Eben dieses Vertrauen auf einen verlässlichen Lebensgrund bildet den Kern auch meiner Gotteserfahrung. Dies drückt sich erlebnismäßig in einem Stimmungswandel aus, den ich vielleicht am besten mit einem *Ach-ja!* wiedergeben kann. Die vor Augen liegende Wirklichkeit wird nicht übersprungen, sie wird angenommen und bewältigt – obwohl die Welt so ist, wie sie ist und auch so bleiben wird, wie sie ist. Das bedeutet keine Glücksverheißung, weder die Garantie physischer Unversehrbarkeit noch die Bewahrung vor allen

Übeln. Es ist uns kein Rosengarten versprochen, wohl aber die Gewissheit einer unzerstörbaren Geborgenheit.

Der Stimmungswandel kann durch ein Menschenwort ausgelöst werden, das dem anderen zum Gotteswort wird. Mir ist dies bei der Beerdigung der beiden mir nächsten Menschen widerfahren. Ich kann mich nicht genau an das erinnern, was der Pfarrer im Einzelnen gesagt hat. Aber das weiß ich noch: Wie der durch den Tod zerrissene Lebenszusammenhang wiederhergestellt wurde, als ob Gott selbst sich mir aufs Neue versprochen hätte. Die Klage verstummte nicht, aber sie wurde getrost. Mir ist der Glaube an Gott auch in Zeiten des Leids nicht abhanden gekommen, aber er hat mich nicht immer getröstet. Und es hat auch Zeiten in meinem Leben gegeben, wo Gott für mich nur beruflich anwesend war und mit A 14 bzw. Honorar bezahlt wurde.

Wenn ich mir auf meine Gotteserfahrung einen Vers machen soll, weiß ich keinen kürzeren als den Bibelvers von Paulus: »Was hast du, das du nicht empfangen hast?«, und wenn ich sie auf den Begriff bringen soll, keinen treffenderen als Schleiermachers *Gefühl der schlechthinnigen Abhängigkeit.*

Und so kann ich das Wort *Gott* jetzt folgendermaßen umschreiben, das heißt mit Bildern um es herumschreiben: *Gott* ist der Name dafür, dass das Ja vor dem Nein in der Welt ist und dass das Ja mächtiger ist als alles Nein. *Gott* ist der Grund dafür, dass ich Vertrauen habe, obwohl ich mir selbst nicht trauen kann. *Gott* ist die Gewähr, dass die Welt niemals abgeschlossen und der Mensch in ihr eingeschlossen ist, sondern dass die Welt offen bleibt und der Mensch in ihr ein offenes Wesen. Weil Gott *ist*, kann der Mensch *bleiben.*

Vom traditionellen Allmachtsglauben habe ich, gleich vielen anderen Christen unserer Zeit, Abschied nehmen müssen. Die naive theistische Vorstellung von einem Gott, der als ein persönliches, allmächtiges Wesen über der Welt und Menschheit thront und von droben und draußen nach vorgesehenem Plan in den Lauf der Welt und das Leben des Einzelnen eingreift, besitzt für mich keine Überzeugungskraft mehr. Es war schon eine arg maskuline Theologie, die wir

Männer uns damit geleistet hatten! Sie bedurfte dringend einer feministischen Korrektur.

Alle Aussagen über Eigenschaften Gottes haben Gehalt und Geltung nur, sofern sie sich auf ihre dogmatische Grundform zurückführen lassen, und das sind nicht etwaige spätere kirchliche Lehrentscheidungen, sondern allein die Erfahrungen des Glaubens. Dies gilt auch für die Rede von der Allmacht Gottes. Dass Gott allmächtig ist, bedeutet mithin keine allgemeine abrufbereite Wahrheit im Sinne objektiver Feststellbarkeit. Es ist erfahrbar nur in der persönlichen Betroffenheit des Glaubens, wenn jemand auf Gott vertraut, seine Hilfe erfährt und so an seiner Schöpfermacht teilhat.

Gott zerreißt nicht ständig den Kausalzusammenhang der Natur und Geschichte, sondern macht, dass die Dinge sich selber machen. Auch ist der Lauf der Welt nicht von Ewigkeit her festgelegt. Vielmehr würdigt Gott den Menschen, bei der Ordnung und Deutung der Welt mitzuwirken und mit ihm zusammen den Sinn zu entwerfen und die Ordnung zu schaffen. Und dabei funktioniert der Mensch nicht wie eine Puppe im Marionettentheater, bei dem Gott verborgen hinter dem Vorhang die Fäden zieht, sondern der Mensch gleicht einem Schauspieler auf der Bühne, der seine Rolle frei gestaltet – nicht anhand eines geschriebenen Drehbuchs, sondern wie in einem Stegreifspiel. Es ist nicht Gottes Sache, sondern Aufgabe, Lust und Last des Menschen, sich zwischen zwei jeweils möglichen Lösungen zu entscheiden, das Böse zu verwerfen und das Gute zu wählen. Wo es aber geschieht, dort ist es nach seinem Willen und geschieht in seiner heilsamen Nähe.

Göttliche Vorsehung und menschlicher Vorsatz, Gottes Wirken und mein Werkeln, lassen sich prozentual nicht gegeneinander aufrechnen. Auf welche Weise es sich zugefügt hat, dass ich den Krieg und den Naziterror heil überstanden habe, kann ich rückschauend auf zweierlei Weise schildern. Ich kann es als ein fortgesetztes menschliches Kunststück beschreiben – ähnlich dem Soldaten Schweijk oder auch dem glückhaften Hochstapler Felix Krull –, denn schließlich gehörte viel Mut zur Feigheit dazu, um die Nazidiktatur und den Krieg zu überstehen. Ich kann dasselbe Geschehen aber auch als Gottes Führung und Geleit deuten, so wie es im 91. Psalm heißt: »Wenn auch tausend fallen zu deiner Seite und zehntausend zu deiner Rechten, so soll es doch dich nicht treffen.« Überleben allein konnte freilich der Sinn meines Kriegerlebens nicht sein. Die durch das unbedingte Überlebenwollen begangene Schuld musste abgetragen werden. Und so war mein theologisches Erwachsenwerden nach dem Kriege zugleich mit einem politischen Erwachen verbunden.

Seitdem ich von der traditionellen Allmachtsvorstellung frei geworden bin, ist mir Gottes Gegenwart nicht ferner gerückt, sondern eher noch bewusster geworden. Nach wie vor gibt es keine Freiräume in der Welt, in denen Gott nicht wohnte, keine Vorgänge, in denen er nicht wirkte. Gott wäre nicht Gott, wenn er nicht alles in allem wäre. Aber seine Allmacht hat sich für mich sozusagen in seine *Allgegenwart* verwandelt. Sie umgibt mich von allen Seiten wie ein Zelt, in dem ich wohne. Darum bildet der 139. Psalm für mich einen unüberbietbaren Höhepunkt biblischen Gottesglaubens.

Mit der Verwandlung der Allmacht Gottes in seine Allgegenwart hat das Gebet für mich vollends jeden magischen Charakter verloren und ist zum *beredten* Ausdruck meiner dialogischen Existenz vor Gott geworden. Im Gebet nehme ich meine menschliche Grundsituation wahr – dass ich ein Angewiesener bin, hineingespannt zwischen Lebensgewährung und Lebensgefährdung. Zu einem vollen Menschenleben gehört immer auch die Unvollkommenheit – darum Bedürftigkeit, Schwachheit, Sehnsucht, Verlangen, Wollen und Wünschen. Im Gebet fasse ich meine Existenz vor Gott zusammen: Ich bete – also bin ich. Alles, was mich bewegt, halte ich Gott hin. Wenn es auch meistens als Selbstgespräch beginnt, so geht es doch bald auch in ein Zwiegespräch über. Ich nehme mich und die Welt ins Gebet. Auf diese Weise versuche ich mein Leben mit Gott durchzuarbeiten. Ich lerne zwischen dem Notwendigen und dem nur Nützlichen zu unterscheiden und dass es zuletzt nicht darauf ankommt, was ich Gott zu sagen habe, sondern was er mir zu sagen hat und ich mit Hiob antworte: *Ach ja, Gott.* Je länger ich lebe, umso mehr verdichtet sich mein Gebet zu der einzigen Bitte, dass Gott meinen Glauben stärken möchte.

Die Gewissheit der Allgegenwart Gottes geht bei mir jedoch mit einem theologischem Nichtwissen einher. Ich vertraue Gottes Vorsehung wohl en gros, en detail, jedoch vermag ich sie nicht zu erkennen. Gott scheint nicht nur *mit den stärkeren Bataillonen* zu sein, er lässt es auch *allein den Betern* nicht gelingen. Diese Skepsis verleiht meiner Gotteserkenntnis einen Einschlag von Resignation oder vielleicht sollte ich richtiger von *Einwilligung* sprechen. Ich habe in Gottes Willen einzuwilligen gelernt – wobei mir die letzte Einwilligung freilich noch bevorsteht.

Was sich christliche Gotteserkenntnis insgesamt zumuten darf, wo ihre Möglichkeiten und ihre Grenze liegen, das finde ich bildhaft in einer Szene der alttestamentlichen Moseüberlieferung ausgedrückt. Dieses Bild des Mose, der in der Felsspalte steht und Gott nachblickt, ist für mich zum Gleichnis für alle Gotteserfahrung, Sinnfindung und Zuverlässigkeit geworden. Es zeigt die Möglichkeiten und die Grenze theologischer Spurensicherung. Wohl kann der Glaubende in seinem eigenen Geschick und im Lauf der Welt insgesamt Signale der Gegenwart Gottes entdecken. Aber nur im Nachhinein. Erst danach sieht man, was dahinter ist. Wir erkennen Gott nur *a tergo* – im Rückspiegel des Glaubens – und auch das meist nur punktuell. Wenn ich mich zu meiner Vergangenheit umwende, dann entziffern sich mir hier und da einige Punkte meines Lebens als Schnittpunkte zwischen einer sichtbaren Horizontalen und einer unsichtbaren Vertikalen, und ich beobachte eine Art Synchronismus zwischen dem äußeren Ablauf meines Lebens und dem Sinn, der dem Ganzen innewohnt, die *Schickung im Zusammenhang.*

Dabei wollen wir es belassen. Wer von Gott und dem Menschen redet, kann seine Rede immer nur abbrechen. Denn Gott und der Mensch – das ist eine unendliche Geschichte. Von ihr ist niemals ausgeredet. Wer es dennoch versucht, soll schauen, dass er Gott den Menschen nicht ausredet.